VIVIENDO EN DOS LENGUAS

LIVING IN TWO LANGUAGES

EDITED BY
CECELIA MONTO & VANIA DÍAZ ROMERO PAZ

Chemeketa Press
Chemeketa Community College
4000 Lancaster Dr NE
Salem, Oregon 97305
collegepress@chemeketa.edu
chemeketapress.org

Cover design by Alyssa Nave, Cheri Redwine, and Ronald Cox
Interior design by Alyssa Nave

Printed in the United States of America.

Land Acknowledgment

Chemeketa Press is located on the land of the Kalapuya, who today
are represented by the Confederated Tribes of the Grand Ronde and
the Confederated Tribes of the Siletz Indians, whose relationship
with this land continues to this day. We offer gratitude for the land
itself, for those who have stewarded it for generations, and for the
opportunity to study, learn, work, and be in community on this
land. We acknowledge that our College's history, like many others,
is fundamentally tied to the first colonial developments in the
Willamette Valley in Oregon. Finally, we respectfully acknowledge and
honor past, present, and future Indigenous students of Chemeketa
Community College.

Table of Contents

Lenguaje | Language

Resiliencia | Resilience

Prefacio

Cecelia Monto

Esta antología captura la realidad de vivir en dos idiomas y forjar identidades duales. Los ensayos fueron escritos por estudiantes que participaron en el estudio de idiomas, específicamente, para hablantes de herencia en una clase titulada Español para Hablantes de Herencia en Chemeketa Community College en Salem, Oregón. A menudo, los estudiantes lamentan la pérdida de su lengua materna y, por lo tanto, la pérdida de una parte de sí mismos. La clase les empodera para reclamar su lengua heredada y así honrar sus raíces culturales y familiares. Como parte de la clase, estos ensayos tienen el objetivo de crear conexiones para los estudiantes mediante sus historias y cultura. Este proyecto de antología busca elevar las voces de los estudiantes bilingües y honrar sus formidables recursos lingüísticos en un libro publicado que se pueda compartir con sus familias y la comunidad en general. La tensión inherente al vivir en dos idiomas le da a la escritura una vitalidad poco común.

En los ensayos, los estudiantes navegan por un territorio intercultural. Sus ensayos capturan las preguntas que los estudiantes examinan en la formación de sus identidades y las decisiones que hacen. Las preguntas a menudo revelan dolor en experiencias pasadas e historia. Una nueva comprensión de la opresión y la inequidad surge a menudo, lo que deja a los escritores frustrados con la injusticia y los inmensos desafíos que enfrentan. Sin embargo, al mismo tiempo, el orgullo y la fortaleza son evidentes en las historias de los estudiantes sobre cómo superar obstáculos y avanzar en sus vidas. Las preguntas y respuestas que los estudiantes logran gestionar, tienen el poder de cambiar la trayectoria de sus vidas, y a menudo lo hacen.

Perder un idioma familiar tiene profundas implicaciones para las personas. La pérdida del idioma puede crear distancia entre los miembros de la familia y la incongruencia cultural, lo que puede resultar en sentimientos de no tener voz, ser invisibles, y sentirse avergonzados o inseguros en el idioma. En la escritura, a menudo, se describe el sentimiento de estar "entre" el idioma español/el mundo familiar y la sociedad estadounidense mayoritaria. Los ensayos exponen la tristeza de dejar un mundo y la fortaleza requerida para enfrentar un mundo lleno de normas, reglas, y lenguaje diferente. Como los estudiantes van y vienen entre idiomas y culturas, la tensión es evidente porque a medida que los estudiantes se vuelven competentes en el inglés, se mueven hacia diferentes percepciones y a una nueva forma de existir en el mundo que puede parecer incongruente. En la escritura, los estudiantes cruzan barreras lingüísticas, geográficas y mentales, y los ensayos muestran los puentes que los estudiantes crean entre los dos mundos de lenguaje y vida.

Desde estas experiencias, los estudiantes también adquieren perspectiva. La escritura demuestra el aguante y la fuerza de la empatía, y presenta el descubrimiento y la posibilidad de resistir. Al habitar dos mundos, los estudiantes ganan la conciencia de ver ambos lados con mayor claridad. Esta conciencia les ayuda a clarificar sus valores y obtener una fuente interna de poder. Muchas historias demuestran que los estudiantes no permiten que su dolor los defina. Su capacidad para superar la adversidad es inspiradora.

Convertirse en competentes en su lengua materna de español sirve para que estos escritores reclamen parte de su identidad. A través de sus estudios y escritura, los estudiantes redescubren el don de su bilingüismo y abrazan el conocimiento de quiénes son y de dónde vienen.

Preface

Cecelia Monto

This anthology captures the reality of living in two languages and forging dual identities. The essays were written by students participating in a class entitled Spanish for Heritage Speakers at Chemeketa Community College in Salem, Oregon. It is a language study class designed specifically for heritage speakers that culminates with students receiving the Oregon Seal of Biliteracy, a state recognized credential that benefits students academically and in the workplace. Often, students lament the loss of their native language and therefore the loss of part of themselves. This class empowers them to reclaim their heritage language and honor their cultural and familial roots. As assignments from the class, these essays aim to build connections for students to their histories and culture. This anthology project seeks to elevate bilingual student voices and honor their tremendous linguistic assets in a published book that can be shared with their families and the larger community. The tension inherent in living in two languages gives the writing an uncommon vitality.

In the essays, students navigate cross-cultural territory. Their essays capture the questions that students examine in the formation of their identities and the choices they make. The questions often reveal pain in past experiences and history. New understanding of oppression and inequity often emerge, leaving the writers frustrated with the unfairness and immense challenges they encounter. Yet at the same time, pride and strength are evident in students' stories of overcoming obstacles and moving forward in their lives. The students' questions and answers help them realize they have the power to change the trajectory of their lives, and they often do.

Losing a family language has deep implications for individuals. Language loss can create distance between family members and cultural incongruity, which can result in feelings of being voiceless, unseen, and embarrassed or insecure in the language. In the writing, the feeling of being "in between" the Spanish language or family world and mainstream American society is often described. The essays expose the sadness of leaving one world and the endurance required to confront a world full of different norms, rules, and language. As students go back and forth between languages and cultures, tension arises. As students master English, they develop different perceptions and a new way of existing in the world that can be seem inconsistent with their family heritage. In their writing, students cross linguistic, geographic, and mental barriers, and the essays show the bridges that students create between their two worlds of language and life.

Borne out of these experiences, students also gain perspective. The writing demonstrates endurance and the strength of empathy, and presents discovery and the possibility of strength. By inhabiting two worlds, students gain the awareness of seeing both sides with more clarity. This awareness helps them clarify their values and gain an internal source of power. Many stories demonstrate that students don't allow their pain to define them. Their ability to overcome adversity is inspiring.

Mastering their native tongue of Spanish serves as a way for these writers to reclaim part of their identity. Through their study and writing the students rediscover the gift of their bilingualism and embrace the knowledge of who they are and where they come from.

Agradecimientos

Un agradecimiento especial a Meyer Memorial Trust por su apoyo y confianza en este proyecto y su profundo compromiso con las prácticas equitativas en la educación. A su vez, agradecemos adicionales al Departamento de Educación de Oregón y a los colaboradores del proyecto en Chemeketa: Daniela Chiriboga, Gaelen McAllister, Abbey Gaterud, Jessica Howard y Joshua Salm.

Acknowledgments

Special thanks to Meyer Memorial Trust for their support and confidence in this project and their deep commitment to equitable practices in education. Additional thanks to the Oregon Department of Education and Chemeketa project supporters: Daniela Chiriboga, Gaelen McAllister, Abbey Gaterud, Jessica Howard, and Joshua Salm.

Introducción

Vania Díaz Romero Paz

En su *Carta sobre el humanismo* (1947), Martin Heidegger compara el lenguaje con la "casa del ser". Escribe que los guardianes del hogar son los "que piensan y los que crean con las palabras". Con este espíritu, los ensayos de este libro buscan reconectar a los escritores con su hogar lingüístico. Esta es una colección de escritos producidos por los estudiantes en la clase de Español para Hablantes nativos y de herencia durante diferentes trimestres desde el año 2020 hasta 2022. La idea de publicar estos escritos nace en las aulas tanto presenciales como virtuales como un ejercicio de recuperación de la memoria y revalorización de la lengua materna y/o de herencia. El objetivo de la clase es desarrollar competencias comunicativas y/o lingüísticas por medio de la reflexión sobre temas como identidad, migración, cultura y lengua, desde una perspectiva crítica y personal. Con el afán de lograr dichas competencias, uno de los trabajos de escritura consiste en tomar como materia prima, recuerdos, historias de vida, vivencias personales, familiares y escribirlas bajo la consigna de "el don de la adversidad", en términos de cómo la superación de obstáculos en la vida ha permitido lecciones de resiliencia. Lo sorprendente es que estos escritos alcanzan una fuerza testimonial y expresiva mucho mayor de lo esperado en un ejercicio de escritura para una clase regular de lenguas. Los estudiantes revelan muchos aspectos personales y delicados, se animan a tocar temas de los que regularmente no se habla desde un tono confidencial hasta alcanzar, inclusive, a la denuncia. Son voces que merecen ser oídas por la comunidad, traspasar los límites de la clase y abrirse a más lectores.

Este libro nace como un proyecto de historias personales sobre las experiencias de jóvenes y estudiantes de origen migrante. Este tipo de proyectos ya tiene una tradición en la historiografía y los han llamado Historias de la vida cotidiana. El método biográfico o historia de vida es un método cualitativo utilizado en las ciencias sociales que nos permite observar las narrativas personales en un contexto determinado y, por lo tanto, son alternativas que nos muestran una realidad subjetiva no registrada por la historia convencional. Es en esa dirección que nos embarcamos, en la recopilación de escritos que hablan de historias de seres anónimos, de realidades cotidianas invisibilizadas, de hablantes que se mueven y/o debaten entre dos lenguas y dos culturas. Las narrativas de exclusión, viajes, de choque cultural, de discriminación racial, lingüística y sexual, son comunes de encontrar en estos escritos y son discursividades que contrastan con la historia oficial o que no encuentran espacio en ella. Recuerdo que algunos estudiantes me decían yo no tengo nada importante que contar, pero yo les replicaba, lo más importante que te ha pasado es tu propia vida. Nadie más la puede contar.

Los estudiantes de la clase Español para hablantes de herencia son un grupo diverso. La mayoría aprendió español cuando eran niños, algunos lo siguen hablando en casa con los padres, abuelos y familia extendida. Su español es coloquial y su uso se limita al ámbito doméstico ya que la educación formal predominantemente monolingüe (en inglés) ha hegemonizado el habla. Otros fácilmente podrían considerarse hablantes nativos de español, aunque como adultos se sienten más cómodos hablando inglés. Como se podrá ver en sus escritos, hay una referencia constante a lo que yo la llamo "autocensura precoz" y es cuando el niño ingresa al sistema educativo formal y se da cuenta que su español no le sirve para la escuela y que más bien debe ocultarlo y/o reservarlo para las interacciones familiares y sociales. Muchos de ellos hablan español con sus padres, pero no así con sus hermanos, porque de lo que se trata, es de adoptar la lengua "oficial", en este caso, el inglés, lo más pronto posible y hacer de esta lengua la predominante porque es la lengua que da prestigio, sentimiento de pertenencia y con la que se aprende y socializa. Muchos estudiantes dan testimonio de este "rito de iniciación".

En algún momento los estudiantes percibieron como importante un estudio académico del español por motivos familiares y culturales, para comunicarse mejor con sus padres. También por razones académicas y profesionales: los estudiantes quieren mejorar sus habilidades lingüísticas para poder utilizarlas en su trabajo actual, algunos de ellos trabajan como traductores de salud, intérpretes escolares, profesores o asistentes en clases bilingües o en duales.

A su vez, la clase está ligada a un objetivo ulterior que es el de preparar a los estudiantes para la obtención del Sello de alfabetización bilingüe de Oregón (Oregon State Seal of Biliteracy OSSB) que es una credencial de reconocimiento estatal que documenta la capacidad lingüística en los siguientes dominios: escritura, producción oral, comprensión lectora y auditiva. Dada estas circunstancias, el desafío es aún mayor, porque se trata de mejorar las habilidades para poder pasar un examen riguroso que les va a permitir obtener el OSSB. Esta credencial tiene varias ventajas: permite incrementar las oportunidades de empleo, es un sello adicional en el expediente académico, sirve como crédito universitario, en el currículo de trabajo y permite distinguirse en la admisión temprana a las universidades, entre otras ventajas.

El punto aquí está en crear una motivación extraordinaria en los estudiantes para que puedan vencer satisfactoriamente un examen de alta exigencia y luego obtener el OSBB, entonces nos volvemos a preguntar ¿Y cómo hacerlo, si uno de los más grandes obstáculos es la relación problemática del estudiante con la lengua de herencia? ¿Cómo hacer un trabajo de recuperación, de revalorización de la lengua madre en este contexto? ¿Cómo volver a amar esa lengua reprimida que a veces, avergüenza, y que prácticamente hay desempolvarla, actualizarla, pero que a la vez puede ser útil para retomar la comunicación familiar o para el trabajo? Nuevamente, la respuesta va por apelar a un componente base y es la autoestima.

Hay una herida cultural profunda, histórica que se expresa en una autoestima baja y en una desvalorización del español. ¿Cómo enseñar a mejorar las habilidades lingüísticas de una lengua semi censurada, ocupada y desvalorizada? ¿Cómo recomponer esa unidad quebrada? Recuperando la memoria perdida, recuperando los aprendizajes previos, los recuerdos. Y por, sobre todo, recreando toda esa memoria recuperada en escritura. Y es ahí donde esta el poder de estos testimonios y de su escritura.

El testimonio como género es ambiguo, es historia y literatura a la vez, es oral, pero para poder aprehenderlo hay que escribirlo; puede ser personal, pero tiene una voz colectiva. Está identificado como una propuesta alternativa a la historiografía nacional, ya que es un espacio donde lo subalterno puede cobrar voz. Estos escritos son identidades excluidas de la circulación discursiva tradicional y brindan una posibilidad más de replantear la visión homogeneizante y colonizante con la que se ha escrito la historia de los migrantes.

"Amarte a ti mismo, es amar tu lengua de herencia", esta es la filosofía que guía a nuestra clase. En un contexto donde hablar español puede ser a veces sinónimo de inmigración, ilegalidad, pobreza y marginalidad, es imperativo revertir estas atribuciones negativas y ver el bilingüismo como un desafío y una oportunidad para construir una cultura diversa y democrática. Amar nuestra lengua de herencia significa usarla, hablarla en voz alta y segura en todas partes (no solo en casa) y no permitir que un sistema monolingüe lo abrume o lo corrompa. Lo primero que hay que derrumbar son los limites propios y renacer esa fuerza para conquistar el amor propio y eso pasa por amar las palabras que fuimos un día.

Desde este empoderamiento de la lengua de materna de herencia, surge una verdadera cultura bilingüe donde ambas lenguas conviven, se entremezclan, se contaminan, en una imbricación saludable y vital. Y sí, es cuestión de amor a uno mismo y esto pasa, indefectiblemente, por amar a la lengua materna y/o de herencia que es parte constitutiva de los que somos, para volver al hogar, a la morada del ser, a ese primer universo lingüístico donde se aprendió a balbucear las palabras primigenias.

Introduction

Vania Díaz Romero Paz

In his *Letter on Humanism* (1947), Martin Heidegger compares language to the "house of being." He writes that the guardians of the home are those "who think and those who create with words." In this spirit, the essays in this book connect the writers with their linguistic home. This is a collection of writing produced by Chemeketa Community College students in the Spanish for Heritage Speakers class between 2020 and 2022. These essays were born in both face-to-face and virtual classrooms as an exercise in memory recovery and revaluation of the students' mother tongue and heritage. The objective of the class is to develop communication and linguistic skills through critical and personal reflection on issues such as identity, migration, culture, and language. In an effort to achieve these skills, one of the writing assignments, called "The Gift of Adversity," asks students to take memories, life stories, and personal and family experiences and describe how overcoming obstacles in life has facilitated lessons in resilience. Surprisingly, these writings have greater testimonial and expressive force than would be expected from a writing exercise for a regular language class. Students are encouraged to touch on issues that are not regularly discussed and many reveal personal and delicate aspects of their lives. Some essays have a confidential tone and some reveal complaints. These student voices deserve to be heard by the community and to go beyond the boundaries of the classroom.

This book is a project of personal stories about the experiences of young people and students from migrant backgrounds. This type of project already has a tradition in historiography called stories of everyday life. This is a qualitative method used in the social sciences that allows the reader to use biography or autobiography to observe personal narratives in a given context. These narratives show an alternative subjective reality not recorded by conventional history. This book does that by compiling personal narratives that tell the stories of anonymous people, of invisible daily realities, of speakers who move and struggle between two languages and two cultures. Narratives of exclusion, travel, culture shock, and racial, linguistic, and sexual discrimination are common in these writings but they are discursivities not often portrayed in official histories. These stories are important, too, and this book strives to give these students a voice. In the classroom, I remember students saying that they had nothing important to tell. I told them to write about the most important thing that has happened to them in their lives. No one else can tell it.

The students in the Spanish for Heritage Speakers class are a diverse group. Most learned Spanish as children and some continue to speak it at home with parents, grandparents, and extended family. Often their Spanish is colloquial and its use is limited to their personal lives because the predominantly English formal education system has hegemonized speech. Other students could easily be considered native Spanish speakers, although as adults they feel more comfortable speaking English. In these writings there is a constant reference to what I call early self-censorship, which is when the child enters the formal educational system and realizes that Spanish is not useful for school and that they should either hide it or reserve it for family and social interactions. Many of the students speak Spanish with their parents, but not with their siblings, because the point is to adopt the dominant language—in this case, English—as soon as possible. English becomes the predominant language because it is the language that gives prestige and feelings of belonging, and it is the language with which one learns and socializes. Many students call this a rite of passage.

At some point, these students realized that academic study of Spanish is important for personal and cultural reasons, and to better communicate with their Spanish-speaking family members. Also, for academic and professional reasons: students want to improve their language skills to be able to use them in their current or future professions. Some students work as health translators, school interpreters, teachers, or assistants in bilingual or dual classes.

Beyond these personal and professional goals, the class has a further objective to prepare students to obtain the Oregon State Seal of Biliteracy (OSSB) which is a state-recognized credential that documents language proficiency in writing, speaking, reading, and listening. This credential has several advantages: it increases employment opportunities, it is an additional credential on an academic record, it serves as university credit, it can be beneficial for a resume, and it can distinguish students in early admission to universities. Given these benefits, the challenges of teaching the class are even greater because it is about improving language skills enough to pass a rigorous exam that will allow students to obtain the OSSB. The goal for instructors here is to create extraordinary motivation in students so that they can improve their language skills, satisfactorily pass a highly demanding exam, and obtain the OSBB. In our college program, we constantly ask ourselves how we can support student success if one of the biggest obstacles is the problematic relationship that students have with their heritage language. How do we help students do the work of recovery and revaluation of their mother tongue in this context? How do we help them rediscover a love of their heritage language, a language that is sometimes embarrassing, and that practically has to be dusted off and updated, but that at the same time can be useful to resume family or work communication? Again, the answer lies in appealing to self-esteem.

A deep historical and cultural wound appears in these students' low self-esteem and their devaluation of Spanish. How do we teach to improve the linguistic skills of a semi-censored, busy, and devalued language? How do we empower these students and help them discover pride in their heritage language? In this class, we start by recovering lost memories and experiences and then by recording these memories in writing. These testimonies are powerful. Testimony as a genre is ambiguous because it is history and literature simultaneously. It is oral, but in order to apprehend it you have to write it down. It may be personal, but it has a collective voice. Testimony can be an alternative to national historiography since it is a space where the subaltern can gain a voice. These writings describe identities excluded from the traditional national history and offer one more possibility to reconsider the history of migrants.

"Loving yourself is loving your heritage language" is the philosophy that guides our class. In a context where speaking Spanish can sometimes be synonymous with immigration, documentation, poverty, and marginality, it is imperative to reverse these negative attributions and see bilingualism as a challenge and an opportunity to build a diverse and democratic culture. Loving our heritage language means using it, speaking it loudly and confidently everywhere (not just at home), and not letting a monolingual system overwhelm or corrupt you. The first thing is to increase self-love, and that happens by loving the words that we heard on the day of our birth.

By empowering students with a love of their heritage language, we help build a genuinely bilingual culture, healthy and vital, where both languages coexist, intermingle, and become connected. By extension, students are able to develop a sense of self-love and self-worth that comes from loving their mother tongue and heritage. Our heritage and language are essential parts of who we are, and by rediscovering and cherishing them, we are able to return home, to the abode of being, where we learned to babble our first words.

Lenguaje

Language

El Nopal en la Frente

Anónimo

Nací en Oregón, mis padres son mexicanos. Mi primer idioma fue el español. Siendo yo, la mayor de mis hermanos, a mí me costó más trabajo aprender el idioma inglés. Para mis hermanos fue más fácil porque ya entre nosotros nos comunicamos en inglés. Cuando ingresé al kínder yo no sabía absolutamente nada. Fue una experiencia en la que me sentía asustada e incómoda. Por eso me identifico mucho con los niños que llegan aquí de otros países y solo hablan español o con los niños que solo hablan español en sus casas. No me gusta que se sientan incómodos o que se sientan solos y no cuenten con la ayuda necesaria.

Estoy agradecida porque nunca me tocó escuchar "you can't talk Spanish, only English." Me imagino que yo hubiera llorado y no hubiera querido regresar a la escuela si me hubiera pasado eso. Como futura maestra de English Language Learners es muy importante para mí que todos mis estudiantes aprendan todo lo que puedan, pero sin olvidar su idioma nativo. La ventaja que tenemos de saber dos idiomas es muy importante para nuestro éxito aquí en los Estados Unidos. Se siente tan lindo poder ayudar a los que no saben y poder defenderlos si es necesario.

Aunque a veces tener el conocimiento de dos idiomas te puede confundir la mente, por ejemplo, a veces mi mente piensa en un idioma, pero las palabras me salen en otro idioma. También hay momentos un poco vergonzosos cuando estoy hablando español y hay palabras que no sé y las tengo que decir en inglés y viceversa. Hay momentos donde me siento como Selena Quintanilla cuando le dijo su papá que hay que ser más mexicanos que los mexicanos y más americanos que los americanos. Hay una expectativa de que tenemos que hablar los dos idiomas perfectamente. Y esta expectativa viene más por parte de otros mexicanos.

Bien dicen que el enemigo de un mexicano es otro mexicano. Que si sólo hablamos inglés ya nos creemos superiores, pero tenemos el nopal en la frente. Y si no hablamos inglés es que no sabemos o no estamos agradecidos a nuestros padres que llegaron aquí para darnos una vida mejor. Si no pronunciamos las palabras correctamente también nos critican.

Como madre trato de enseñarle a mi hija lo más que puedo. Para ella es difícil porque su papá y sus abuelos paternos solo hablan inglés. Pero todo el mundo siempre me pregunta, "¿y no sabe español?" o "¿y todavía no habla español?" Esas preguntas son fastidiosas, por eso trato de que mi niña no las escuche y si las escucha le explico y le recuerdo que lo está aprendiendo. Aunque no sea con malas intenciones, esas preguntas pueden hacer sentir mal a alguien y más a un niño/a.

Al final del día me siento bendecida de tener el conocimiento de dos culturas y dos idiomas. ¡Es una belleza saber dos idiomas! Me siento muy orgullosa de tener el nopal en la frente y no me avergüenzo de eso. La música es mi vida, no me imagino no saber de la existencia de tanta letra bonita escrita en español. Creo que día a día hay más gente aprendiendo el español porque reconocen lo importante que es y lo rápido que va creciendo. Cada vez más trabajos requieren que se hable español y saben que así llegarán a conectar con más gente. Yo espero mejorar mi español y pronunciación en los dos idiomas. Mi deseo hacia el futuro es que ojalá en mi generación y en las que vengan, los padres sigan enseñándoles el español a sus hijos. Espero que nunca se pierda el idioma español.

The Nopal on My Forehead

Anonymous

I was born here in Oregon to Mexican parents. My first language was Spanish. As the oldest of my siblings, it was harder for me to learn English. For my brothers, it was easier because there were already siblings to communicate with in English. When I entered kindergarten, I knew absolutely no English. It was an experience where I felt scared and uncomfortable. That's why I identify a lot with the children who come here from other countries and only speak Spanish or with the children who only speak Spanish at home. I don't want to make them feel uncomfortable or feel alone without help.

What I am grateful for is that I never heard "You can't talk Spanish, only English." I imagine that I would have cried and not wanted to go back to school if that had happened to me. As a future teacher of English Language Learners, it is very important to me that all my students learn as much as they can without forgetting their native language. The advantage of knowing two languages is so important to success here in the United States. It's nice to be able to help those who don't know English and be able to defend and support them when necessary.

Sometimes knowing two languages can be confusing. My point is that sometimes my mind thinks in one language, but the words come out in another language. There have also been embarrassing moments when I'm speaking Spanish and there are words I don't know, and I have to say them in English or vice versa. There are moments when I feel like Selena Quintanilla when she told her father that when you are bilingual you have to be more Mexican than Mexicans and more American than Americans. There is an expectation that we have to speak both languages perfectly. And this expectation comes more from other Mexicans.

It is often said that the enemy of a Mexican is another Mexican. That if we only speak English, we already believe ourselves to be American. But we still have the nopal on our foreheads. And if we don't speak English, it's because we don't know or aren't grateful to our parents who came here to give us a better life. If we do not pronounce the words correctly, we are criticized. And we are criticized first by those who speak English perfectly. As a mother, I try to teach my daughter as much as possible. It is difficult for her father and her paternal grandparents who only speak English. But everyone always asks me, "Doesn't she know Spanish?" or says, "And she still doesn't speak Spanish?" Those questions are frustrating, and I try not to let my daughter hear them. And if she hears I explain and remind her that she knows so much. Even without bad intentions, these questions can make a person feel bad, especially a young child.

At the end of the day, I feel blessed to know two cultures and two languages. It is beautiful to know two languages! I feel very proud to have the nopal on my forehead and I'm not ashamed of it. Music is my life, and I can't imagine not knowing about the existence of so many beautiful lyrics. I think that day by day more people are learning Spanish because there is recognition of how important it is and how fast it is growing. More jobs require Spanish and it is a way to connect with more people. I hope to improve my Spanish and pronunciation in both languages. My wish for the future is that my generation and those that come from Spanish-speaking parents continue teaching Spanish to their children. I hope never to lose the Spanish language.

Amnesia Cultural

Prisma Saldaña

Nací en un pequeño pueblo rural llamado Othello en el estado de Washington. Había muchos trabajadores inmigrantes y la comunidad hispana era grande. El primer idioma que aprendí a hablar fue el español. Era el único idioma que hablaban mi abuela, mi abuelo, mi mamá y mis tías también lo hablaban. Éramos muy activos en la iglesia y hablar, leer y escribir en español era muy normal. Aunque hablaba español y sabía leerlo y escribirlo, no sabía nada de mi cultura.

Cuando entré a la escuela, muchas cosas cambiaron para mí. Sabía poco inglés y me costaba hacer amigas. En ese momento nos habíamos mudado a un área que tenía en su mayoría gente anglosajona y la barrera del idioma realmente obstaculizaba la comunicación con las nuevas amistades. Me sentía excluida y confundida en clase y miraba las expresiones faciales para tratar de ayudar a entender lo que debería estar sintiendo o haciendo. Un día, en primer grado, me dijeron que iría a clases de ESL. Dijeron que me ayudaría a aprender a hablar, leer y escribir mejor en inglés. Pensé, *¡genial! Podré hacer amigas y, finalmente, podré entender lo que está pasando en clase.* Entonces, comencé mi viaje para aprender inglés y cada año mejoraba más y más. Escuchaba música en inglés y veía la televisión en inglés, mi mamá comenzó a hablar solo inglés en la casa y aprendí bastante rápido. Asistí a clases de ESL hasta el sexto grado cuando decidieron que mi inglés era lo suficientemente bueno. Ahora, cuando era joven, esto me pareció una gran idea porque no tenía amigas y aprender su idioma significaba que podría hacer amigas. Pero, a medida que fui creciendo, me di cuenta de lo perjudicial que era esto para mi cultura, para mi idioma español.

Cuanto más inglés hablaba y escuchaba, menos español recordaba. Recuerdo que mis pensamientos eran en español, y no pude recordar cuándo mis pensamientos, cambiaron al inglés. Empecé a sentir que no pertenecía, que no sabía quién era o de dónde venía realmente y todavía hasta el día de hoy, me siento así. Siento que el sistema educativo me robó mi idioma y mi cultura. No recuerdo haber aprendido nada sobre la historia de México, o sobre los Braceros y lo que hicieron para ayudar a Estados Unidos durante la Segunda Guerra Mundial. No recuerdo que me hayan dicho nada bueno sobre México y su cultura. En cambio, me enseñaron a pronunciar correctamente las palabras en inglés. Me enseñaron cómo estructurar oraciones en inglés y cómo tres palabras pueden sonar igual, pero significan cosas diferentes. Me enseñaron cómo Estados Unidos ganó grandes guerras para defender a nuestro "gran" país, mientras este "gran" país me discriminaba y juzgaba.

Soy chicana pero no me siento aceptada en "América" ni en México. Entonces, ¿a dónde pertenezco? Es una soledad profunda que realmente no puedo describir. Cuando escucho a los políticos expresar su desagrado hacia los mexicanos, me duele. Cuando alguien me dice que hablo con acento y que me regrese a México, me duele. Cuando estoy en México me juzgan y me dicen que tengo acento, y cuando hablo español, que no soy verdaderamente mexicana ¡Todo esto, me duele! Entonces ¿qué idioma debo hablar, si en ninguno de los dos soy lo suficientemente buena? ¿Cuándo seré verdaderamente aceptada por lo que soy y por la sangre que corre por mis venas?

Todo lo que puedo seguir haciendo, es educarme sobre la historia y la cultura mexicanas para abrazar verdaderamente quién soy y tal vez obtener un sentido de pertenencia. Todavía hablo español todos los días y escucho mucha música en español y veo televisión en español para no olvidar nunca mi idioma. A veces siento que sufro de amnesia, sin saber quién soy realmente.

Cultural Amnesia

Prisma Saldaña

I was born in a small rural town called Othello in the state of
Washington. There were many immigrant workers and an abun-
dant Hispanic community. The first language I learned to speak was
Spanish. It was the only language my grandmother, grandfather,
and my mother spoke, and my aunts also spoke Spanish. My family
was very active in the church and speaking, reading, and writing in
Spanish was very normal. Although I spoke Spanish and knew how
to read and write it, I didn't know much about my culture.

When I entered school, many things changed for me. I knew little
English, and it was difficult for me to make friends. At that time, we
had moved to an area that was mostly Anglo and the language bar-
rier really got in the way of friendships. I felt left out and confused
in class and had to look at facial expressions to try and understand
what I should be feeling or doing. One day in first grade I was told
I was going to an ESL class. I was told they would help me learn
to speak, read and write better in English. I thought, *Great! I will
be able to make friends and I'll finally be able to understand what's
going on in class.* So, I started my journey to learn English, and every
year I got better and better. I was listening to music in English and
watching TV in English, and my mom started speaking only English
at home and I learned pretty quickly. I attended ESL classes until
sixth grade when my teachers decided that my English was good
enough. Now when I was young, this seemed like a great idea to
me because I didn't have any friends, and learning their language
would mean I could make friends. But as I got older, I realized how
detrimental this was to my culture and to my Spanish language.

The more English I spoke and heard, the less Spanish I remem-
bered. I remember when my inner thoughts were in Spanish, but
I can't remember when these inner thoughts changed to be in
English. I started to feel that I didn't belong, that I didn't know who

I was or where I really came from, and I still feel that way to this day. I feel that the education system robbed me of my language and my culture. I don't remember learning anything about the history of Mexico or about the Braceros and how they helped the United States during World War II. I don't remember anything good being said about Mexico and its culture. Instead, I was taught how to pronounce English words correctly. I was taught how to structure sentences in English and how three words can sound the same but mean different things. I was taught how the United States had won great wars to defend our "great" country, while this "great" country discriminated against and judged me.

I am Chicana but I do not feel accepted in either America or Mexico. So where do I belong? This has created a deep loneliness that I really can't describe. When I hear politicians express their dislike for Mexicans, it hurts me. When someone tells me that I speak with an accent and that I should go back to Mexico, it hurts me. When I'm in Mexico and they judge me and tell me that I have an accent when I speak Spanish and that I'm not truly Mexican, it hurts! So which language should I speak if neither is good enough? When will I truly be accepted for who I am and for the blood that runs through my veins?

All I can do is continue to educate myself about Mexican history and culture so that I can fully embrace who I am and perhaps gain a sense of belonging. I still speak Spanish every day and listen to a lot of Spanish music and watch Spanish TV, so I will never forget my language. Sometimes I feel like I am suffering from amnesia, not knowing who I really am.

La Lengua Salvaje en la América Civilizada

Freddy C.

En Estados Unidos, a diferencia de algunos países, se espera que sepas inglés aunque no sea el idioma oficial del país. Si no hablas inglés te dicen "aprendé a hablar inglés o vuelve a tu país." ¿Qué significa esto realmente y por qué existe esta mentalidad?

Mi primer idioma es el español, pero me mudé a Estados Unidos cuando tenía unos cinco años. Hablamos español en nuestra casa e iglesia durante muchos años. Empecé el primer grado en una escuela privada donde solo hablaban ingles, pero ya había aprendido lo suficiente como para hablar inglés bastante bien. Yo era uno de los cinco estudiantes en la escuela que eran latinos o hablaban español y me sentía diferente, pero aún me sentía conectado con mi propia "gente."

Mis padres pensaron que sería más fácil encontrar mejores trabajos si supieran hablar inglés, así que nos pidieron a mi hermano y a mí que les enseñáramos y así solo empezamos a hablar inglés en casa y yo solo hablaba inglés en la escuela. Solo hablaba español en la iglesia una vez a la semana, pero aun así era suficiente para mantener esa conexión. En la escuela secundaria nos habíamos mudado a una iglesia de habla inglesa y principalmente hablábamos inglés en casa y en la escuela. Ya no sentía esa conexión con mi gente y durante muchos años no supe porqué.

Poder, cultura e historia son parte de un idioma y al hablar esa conexión continúa. Creo que es por eso que en Estados Unidos intentan quitarte el idioma, para que no tengas esa conexión con tu cultura y en cambio creas una nueva lealtad a este país. Para ser estadounidense debes hablar inglés porque todos los demás idiomas son inferiores porque Estados Unidos es "el mejor." Cuando tienes esa actitud, por supuesto que vas a pensar que saber otro idioma es malo.

Ojalá hubiera seguido con mi español y ahora lo practico cada vez que puedo porque no quiero perderlo aún más. Perder mi español significó perder una conexión con mi gente y, aún así, no ser completamente aceptado por los estadounidenses ya que no me parecía a ellos. Así que estuve flotando entre mundos durante muchos años. Quitar el idioma, la cultura y la identidad de alguien de esa manera, causa muchos problemas de los que no te das cuenta hasta mucho más tarde en la vida.

¿Alguien ha pensado alguna vez que tal vez Estados Unidos no es tan civilizado como pensamos? Si miras la historia de Estados Unidos, el país luchó por el derecho a poseer esclavos, mataron y mintieron a los nativos americanos, mataron y pelearon entre sí por desacuerdos. Mintieron y mataron a personas simplemente para enriquecerse, destruyeron el medio ambiente para enriquecerse. Quemaban vivas a personas porque creían que eran brujas, y atacaban a su propia capital y líderes porque no les gustaban los resultados de una elección.

Ahora, si das un paso atrás y miras la historia, ¿suena esto como un país civilizado? Probablemente todavía no se jactan de ser el mejor país del mundo y por eso hay que conformarse con lo que ellos consideran civilizado, lo que significa hablar inglés. Cualquier cosa que no sea inglés se considera "salvaje" según sus estándares y no es así cómo debería ser.

¿Por qué no podemos aprender a apreciarnos unos a otros y a nuestras diferencias y aún así estar unidos? ¿Por qué no se puede respetar cada idioma y admirar la cultura por su belleza? Sólo entonces podremos ser verdaderamente civilizados.

A Savage Language in a Civilized America

Freddy C.

In the United States, unlike some countries, you are expected to know English even if it isn't the official language of the country. If you don't speak English, they tell you "learn to speak English or go back to your country." What does this really mean, and why does this attitude exist?

My first language is Spanish, but I moved to the United States when I was about five years old. We spoke Spanish in our home and church for many years. I started first grade at a private school where they only spoke Spanish, but I had already learned enough to speak English fairly well. I was one of five students in the school who were Latino or Spanish-speaking, and I felt different but still felt connected to my own people.

My parents thought it would be easier to find better jobs if they knew how to speak English, so they asked my brother and me to teach them at home. We started only speaking English at home and I only spoke English at school. I only spoke Spanish at church once a week, but it was still enough to maintain that connection. In high school we moved to an English-speaking church and mainly spoke English at home and at school. I no longer felt that connection with my people and for many years I didn't know why.

There is power, culture, and history in a person's language and to speak it is to continue that connection. I think that's why, in America, they try to take away language, because then you don't have that connection to your culture and instead create a new loyalty to this country. To be an American, you must speak English because all other languages are inferior because America is "the best." And if you have that attitude, of course you will think that knowing another language is bad.

I wish I would have continued with my Spanish and now I practice it whenever I can because I don't want to lose any more of it. Losing my Spanish meant losing a connection to my people and yet not being fully accepted by Americans because I didn't look like them. So I was just floating between worlds for many years. To take away the language, culture, and identity of an individual in this way causes a lot of problems that are hard to realize until much later in life.

Has anyone ever thought that maybe America is not as civilized as we think it is? If you look at the history of United States, the country fought for the right to own slaves, killed and lied to the Native Americans, killed and fought each other over arguments, lied and killed people simply to get rich, destroyed the environment also to get rich, burned people alive if they believed them to be witches, and attacked their own capital and political leaders because they didn't like the results of an election. Now if you take a step back and look at the history, does this sound like a civilized country? Probably not, yet they boast about being the best country in the world and because of that you need to conform to what they consider is civilized, which means speaking English. Anything that is not English is considered "savage" by their standards and this is not the way it should be.

Why can't we learn to appreciate each other and our differences and still be united? Why can't there be respect for each language and an admiration for each culture for its beauty? Only then can we be truly civilized.

La Niña de Tepic, Nayarit

Evangelina Chaparro

Nací en Tepic, Nayarit, México. En ese momento, vivíamos en un pequeño pueblo cerca de Guadalajara y se suponía que yo iba a nacer en casa, sin embargo, mi madre, que tenía dieciséis años, tuvo un parto difícil y la partera instó a mi padre a que fuera a un hospital lo antes posible. Tan pronto como pudieron, mi padre, junto con mi madre embarazada, hicieron el viaje al aeropuerto y tomaron el primer avión a Tepic, Nayarit, y por eso nací allá. Crecí en un pequeño pueblo de San Martín de Bolaños en Jalisco, México.

Tengo muchos recuerdos de mi niñez. Recuerdo ir a la escuela, vistiendo un uniforme; cuando aprendí canciones, letras y formas; creo que estuve matriculada en la escuela durante un año. Cuando tenía seis años, mi madre, mis tres hermanos menores y yo hicimos el largo viaje a Estados Unidos para encontrarnos con mi padre, que vivía en Woodburn, Oregón, trabajando en el campo y ahorrando dinero para nosotros. El viaje fue largo y recuerdo algunos detalles al respecto, sin embargo, lo único que todavía puedo recordar, es estar en el tren y pensar, ¡guau, esos árboles se están moviendo rápido! Tenía seis años, por lo que mi experiencia con los viajes había sido muy limitada hasta ese momento.

El trece de mayo de 1979 llegamos a Oregón y nos reunimos felizmente con mi padre. Todavía recuerdo el vestidito blanco que llevaba puesto ese día. Pronto encontramos un lugar para vivir, nos mudamos con un amigo de mi padre que nos alquiló su sótano. Ese verano comencé la escuela de verano. La primera vez que viajaba en un autobús escolar y la primera vez que estaba en una escuela en inglés. Recuerdo que no entendía las instrucciones, pero aprendía observando a mis compañeros. Sin embargo, tenía miedo y me sentía tan sola. Ni siquiera podía pedir usar el baño.

La escuela nos llevaba frecuentemente a la piscina y nunca empaqué un traje de baño porque las cartas enviadas a casa estaban en inglés y al no entender no sabíamos que necesitaba un traje de baño. Entraba en la piscina solo con mi ropa interior y recuerdo sentirme muy avergonzada y con mucha pena. La cultura era tan diferente de lo que había conocido. Fue intimidante estar en ese ambiente con mis compañeros porque sentía las barreras del idioma. Entonces, rápidamente comencé a aprender inglés y la primera palabra que aprendí fue "seven," quizás fue porque esa era mi edad en ese momento. No estuve inscrita en la escuela hasta el año siguiente, en el mes de marzo para ser exactos porque mis padres no sabían cómo inscribirme. Cuando empecé el primer grado sobresalí en mi desempeño escolar. Al final del año lectivo, estaba leyendo y hablando más inglés. Mis padres estaban seguros de que reprobaría la escuela, ya que había comenzado tarde; sin embargo, pasé a segundo grado. Recuerdo, que me encantaba la escuela y me encantaba aprender cosas nuevas todos los días, pero no fue fácil ser la única estudiante mexicana en esa escuela. Fui intimidada, insultada y señalada, incluso por parte de los maestros, aun así, estaba decidida y seguí adelante todos los días. En la escuela, hablaba inglés y en casa hablaba español. Con el tiempo, me convertí en la intérprete de la familia. Los amigos de mi papá y la familia extendida me "tomaban prestada" como su intérprete. En algún momento, también aprendí a escribir y leer en español. Empecé a sentirme más segura siendo bilingüe y esto es lo que me ayudó a terminar la escuela secundaria.

Con el tiempo, sentí más confianza en hablar inglés y fui perdiendo la confianza al hablar español. El inglés se convirtió en mi idioma dominante. Hablaba inglés en la escuela, con mis amigos; escuchaba música en inglés; miraba la televisión en inglés. La única vez que hablaba español era en casa con mis padres porque incluso hablaba inglés con mis hermanos, así que mis padres me regañaban por hablar inglés en casa porque no entendían.

Hoy trabajo como asistente bilingüe del habla y el lenguaje en las escuelas y me encanta poder ayudar a los estudiantes a aprender sobre su idioma y cultura. Entiendo los miedos y las inseguridades que a veces sienten, aunque las escuelas ahora cuentan con un maravilloso sistema de apoyo para niños bilingües. Me encanta que ofrezcan clases bilingües y de inmersión total.

Mi experiencia de vida y la vivencia que tengo en mi trabajo me lleva a pensar que deberíamos estar muy orgullosos de nuestro idioma y continuar luchando por un futuro mejor para nuestras próximas generaciones.

The Girl from Tepic, Nayarit

Evangelina Chaparro

I was born in Tepic, Nayarit, Mexico. At that time, my family lived in a small town near Guadalajara and I was supposed to be born at home. However, my mother, who was sixteen years old, was having a difficult delivery and the midwife urged my father to go to a hospital as soon as possible. My father, along with my very pregnant mother, made the trip to the airport and caught the first plane out, to Tepic, Nayarit. And that's why I was born there. I grew up in the small town of San Martin de Bolaños in Jalisco, Mexico. I have many memories of my childhood. I remember going to school, wearing a uniform, and learning songs, letters, and shapes. I think I was enrolled in school for one year.

When I was six years old, my mother and three younger brothers made the long trip to the United States to meet my father, who had moved to Woodburn, Oregon, to work in the fields and save money for us. The trip was long and I remember few details. The only thing I can still remember is being on a train and thinking wow, those trees are moving fast! Because I was only six years old, my experience with travel was very limited to that point.

On May 13, 1979, we arrived in Oregon and were happily reunited with my father. I still remember the little white dress I was wearing that day. Soon we found a place to live. We moved in with a friend of my father who rented his basement to my family. That summer I started summer school. It was the first time I rode a school bus and the first time I was in an English school. I remember that I did not understand the instructions, so I had to learn by observing my classmates. I was scared and felt so alone. I couldn't even ask to use the bathroom.

The school frequently took us to a pool, but I never packed a swimsuit because the instruction letters sent home were all in English and my parents didn't know I needed a swimsuit. The teachers would put me in the pool in just my underwear and I remember feeling very embarrassed. There were so many barriers. The language and culture were so different from what I had known. It was intimidating to me to be in that environment with my peers.

I quickly started to learn English and the first word I learned was "seven." Maybe it was because that was my age at the time. I was not enrolled in school until the following year, in March to be exact, because my parents didn't know how to sign me up. I started first grade and excelled. By the end of the school year, I was reading and speaking more English. My parents were sure that the school would hold me back a grade since I had started school late, but the school promoted me to second grade. I loved school and loved learning new things every day. However, it was not easy being the only Mexican student in that school. I was bullied, insulted, and singled out, even by teachers. But I was determined and kept going every day. At school I spoke English and at home I spoke Spanish. Over time, I became the interpreter of the family. My dad's friends and extended family "borrowed" me as their interpreter. At some point, I also learned to write and read in Spanish. I started to feel more confident being bilingual and this is what got me through high school.

Over time, I became more confident in my English and less confident in my Spanish. English became my dominant language. I spoke English at school and with my friends. I listened to music in English. I watched television in English. I even spoke English with my brothers. The only time I spoke Spanish was at home with my parents. They scolded me for speaking English at home because they didn't understand.

Today, I work as a bilingual speech and language assistant in schools and love being able to help students learn about their language and culture. I understand their fears and their insecurities, and the schools now have a wonderful support system for bilingual children. I love that schools now offer bilingual classes and full immersion classes. As Latinx students, we should be very proud of our language and continue fighting for a better future for our generations!

We Are Not Here to Teach Spanish

Jessica Bautista

"We are here to teach students English, we are not here to teach students Spanish." Es una frase que he escuchado en varias ocasiones durante mi tiempo como maestra estudiantil en una escuela primaria. Cuando escucho esto me quedo pensando en las familias hispanohablantes que esta escuela y este distrito representa. Me pregunto a cuántas de estas familias no se les informa que la meta no es enseñarle español, sino que los estudiantes puedan estudiar materias en inglés. Me pregunto porqué no hay más escuelas primarias donde se les pueda enseñar los dos idiomas al mismo tiempo en una comunidad donde el cuarenta y cinco por ciento es hispanohablante y está en crecimiento.

Yo fui a una escuela primaria donde desde el segundo grado empecé a recibir instrucción en inglés. Esto afectó muchísimo mi autoestima porque yo no tomé una decisión sobre mi educación. Me empecé a sentir insegura porque me confundía en los dos idiomas. Mi inglés no era lo suficiente inglés y mi español no se desarrolló completamente porque lo hablaba español solo en casa con mis padres. Poco a poco el inglés fue tomando un rol más grande en mi desarrollo educativo y mi español fue perdiendo importancia. Fue entonces que tomé una clase de español en la preparatoria cuando me di cuenta de que mi español no estaba en el nivel que necesitaba para mi edad. Esto me afectó mucho también. No me sentía lo suficiente latina o hispana porque no podía hablar, leer y escribir bien en español. Hasta la propia familia nos critica por no hablar el español bien.

No fue hasta que tomé una clase de español en Chemeketa donde encontré apoyo y comunidad para desarrollar mi lenguaje nativo. No me sentí juzgada por no hablar el español muy bien. Aquí también fue donde supe que quería ser maestra de primaria y trabajar con estudiantes que han pasado por situaciones similares en las que se han ido desvinculando de su lenguaje nativo en las escuelas.

Durante mi tiempo como maestra estudiantil en Salem-Keizer yo me reflejaba en mis estudiantes, hijos de inmigrantes mexicanos, que se les enseñaba en español y después de unos años se les va a exigir leer, escribir y hablar en inglés y el español se va desvaneciendo. También note que falta mucho apoyo para los estudiantes que tienen dificultad con el habla. Se les da el apoyo en inglés y no en español. Y regreso a la frase que escuché en la primaria del personal de apoyo que dicen que no están allí para enseñar español sino para enseñar inglés. ¿Cuándo vamos a poder apreciar los lenguajes nativos de nuestros estudiantes? ¿Cuándo vamos a poder tener los recursos para los estudiantes que ya son bilingües desde casa y brindarles el apoyo que necesitan?

We Are Not Here to Teach Spanish

Jessica Bautista

"We are here to teach students English. We are not here to teach students Spanish." This is a phrase I have heard several times during my time as a student teacher in an elementary school. When I hear this, I keep thinking about the Spanish-speaking families that this school and district represents. I wonder how many of these families are not informed that the goal is not to teach Spanish, but for students to be able to study subjects in English. I wonder why there aren't more elementary schools where you can teach both languages at the same time in a community where forty-five percent of people are Spanish speakers.

I went to an elementary school where from the second grade I began to receive instruction in English. This greatly affected my self-esteem because I did not make a decision about my education. I started to feel insecure because I was confused in both languages. My English was not English enough and my Spanish was not fully developed because I spoke Spanish only at home with my parents. Little by little English was taking a bigger role in my educational development and my Spanish was losing importance. When I took a Spanish class in high school, I realized my Spanish wasn't at the level I needed for my age. This affected me a lot as well. I didn't feel Latina or Hispanic enough because I couldn't speak, read, or write Spanish well. Even my family criticizes me for not speaking Spanish well.

It wasn't until I took a Spanish class in Chemeketa that I found support and a community to help develop my native language. I didn't feel judged for not speaking Spanish very well. This was also where I knew I wanted to be an elementary school teacher and work with students who have gone through similar situations where they have been disengaging from their native language in schools.

During my time as a student teacher at Salem-Keizer, I reflected on my students who are children of Mexican immigrants. Their native language is Spanish but after a few years they will be required to read, write, and speak in English, and their Spanish will fade. Also, there is a lack of support for students who have difficulty with speech. They are given support in English but not Spanish. And I go back to the phrase I heard from staff in my student-teaching school: "We are here to teach students English. We are not here to teach students Spanish." When will we be able to appreciate the native languages of our students? When will we be able to provide resources for students who are already bilingual from home and provide them with the support they need?

Recuerdos de Aprender un Nuevo Idioma

Dora Tinoco

Mi nombre es Dora Tinoco, yo nací en un pueblo pequeño en México en el cual viví hasta los quince años. Después nos mudamos a vivir a Estados Unidos y de acuerdo a mi edad y nivel académico empecé a cursar el segundo año de high school. El cambio fue algo difícil ya que todo era nuevo para mí. Las personas, aunque fueran mi familia no había convivido con ellas, pero lo más importante el idioma era diferente a mi idioma natal. Aún recuerdo el primer día de escuela me encontraba muy nerviosa ya que mis papás me llevaron a un edificio nuevo para mí dónde no conocía a nadie; y, peor aún no hablaba el idioma que ellos. No sabía si iba a encontrar a alguien que hablara mi propio idioma y me ayudara con la transición. Por suerte, después de enseñarnos todo el edificio me llevaron al salón de Ms. Gloria, me explicaron que en este salón era donde ayudaban a los alumnos extranjero a adaptarse y a aprender inglés. Esto fue un gran alivio para mí, poder encontrar más alumnos que hablaran el mismo idioma que yo. Poco a poco empecé a adaptarme a mi nueva vida y a conocer más personas, lo cual hizo el cambio un poco más fácil. Conforme pasaban los meses mire que empezaba a entender muchas palabras y frases, pero aún no hablaba el nuevo idioma para mi por completo y los miedos volvieron. Muchos de mis compañeros compartían historias de cuánto tiempo hacía que se habían venido a vivir a los Estados Unidos y algunos mencionaron que tenían más de cinco años y aún no hablaban inglés bien. Entonces me dije a mí misma: yo no quiero esto para mí, yo solo tengo tres años para graduarme y quiero graduarme hablando inglés para poder tener un buen trabajo.

Empecé a pedir consejos a otras personas de cómo podría lograr aprender ingles mas rápido, y un maestro me dijo sal del salón de Ms. Gloria, yo quedé sorprendida ya que era el salón que más me ayudaban. Entonces él me explico él es un maestro muy bueno y el apoyo que brindan en este salón también, pero el hecho de que siempre estés recibiendo ayuda con tus tareas no te está dejando dar lo mejor de ti y forzar a tu cerebro a adaptarse a la nueva lengua. Lo mejor que puedes hacer es tomar clases regulares donde nadie te traduzca y así te esforzaras más y no tendrás otra opción que empezar a entender y a hablar en Inglés y así lo hice. Pedí que me cambiaran a clases donde solo hablaran inglés para yo buscar una nueva forma de aprender, al principio la consejera no estaba muy de acuerdo, pero me apoyó con la condición que pidiera ayuda si era muy difícil para mí. Al principio sí fue súper difícil, pero al cabo de tres meses sentía que ya entendía todo solo necesitaba hablar más. Me seguí esforzando hasta que logré comunicarme perfectamente en Inglés. Sé que tengo un acento y quizá eso no va a cambiar mucho ya que este es mi segundo idioma, pero estoy muy orgullosa de mis logros.

He tenido trabajos donde ser bilingüe es necesario y aparte pagan un poco más, en mi casa aún hablamos el español y esto es algo que planeo seguir haciendo por el resto de mi vida y que mis hijos también lo hagan. Ellos ahora son bilingües, su primer idioma es el español y enseguida aprendieron inglés, mirando la tele y en la escuela. Para ellos fue mucho más fácil hablar dos idiomas que para mí y lo hicieron a muy corta edad. Por todo esto, estoy feliz de nuestros logros de seguir conservando nuestro idioma.

Memories of Learning a New Language

Dora Tinoco

My name is Dora Tinoco. I was born in a small town in Mexico where I lived until I was fifteen years old. Later my family moved to live in the United States, and because of my age or academic level I started my second year of high school. The change was difficult because everything was new to me. Even the people we lived with, who were family, were different and I had never lived with them. But the most important thing was that the language was different from my native language. I still remember the first day of school. I was very nervous since my parents took me to a new building where I didn't know anyone, and even worse I didn't speak the language they did. I didn't know if I was going to find someone who spoke my language and would help me with the transition. Luckily after showing us around the building they took me to Mr. Gloria's room, and he explained to me that this was the room where foreign students got help to adapt and learn English. This was a great relief to me, to be able to find more students who spoke my own language. Little by little I began to adapt to my new life and met more people, which made the change a little easier. As the months went by, I saw that I was beginning to understand many words and phrases, but I still didn't speak the new language completely and my fears returned. Many of my classmates shared stories of how long it had been since they came to live in the United States and some mentioned that it was more than five years ago and they still did not speake English well. So I told myself I didn't want this for myself. I only had three years left to graduate and I wanted to graduate speaking English so that I could have a good job.

I began to ask other people for advice on how I could learn English faster, and a teacher told me to leave Mr. Gloria's room. I was surprised because Mr. Gloria's room helped me the most. But this teacher said that even though Mr. Gloria was a very good teacher and the support provided was good, the fact was that if you are always getting help with your homework, this doesn't let you do your best and doesn't force your brain to adapt to the new language. The best thing you can do is take regular classes where no one translates for you and that way it will ask more of you. You will have no other option than to understand and speak English, and so I did. I asked to be transferred to classes where they only spoke English to find a new way to learn. At first the counselor didn't agree, but she supported me on the condition that I would ask for help if it was too difficult for me. At first it was super difficult, but after three months I felt that I understood everything and I just needed to speak more. I kept trying until I was able to communicate perfectly in English. I know I have an accent and maybe that won't change much since this is my second language, but I am very proud of my achievements.

I have had jobs where being bilingual is necessary and they pay a little more. In my house we still speak Spanish, and this is something I plan to continue doing the rest of my life and with my kids, too. They are now bilingual. Their first language is Spanish since they learned it at home, and they followed learning English by watching television and at school. It was much easier for them to speak two languages than for me and they did it at a very young age. But I am happy about that and our achievements in continuing to preserve our language.

La Lengua de América

Jose Miramontes-Somerville

¿Cuántos idiomas hay en el mundo? Hay muchos, pero hay algunos que son los más hablados. El español en Estados Unidos es hablado por sesenta y dos millones de personas, un diecinueve por ciento de la población estadounidense. Yo llegué a los Estados Unidos en el segundo grado de la escuela primaria. Mi lenguaje nativo es el español, pero mi estudio se detuvo en el segundo grado. Los estudios científicos dicen que aprender y mejorar tu primer idioma ayuda a tu segundo, tercero, y más idiomas que aprenderás.

No recuerdo bien mis primeros años en la escuela primaria, pero sí me acuerdo que estaba en clases bilingües. Esto fue en los años noventas o por el 2000. No creo que los programas a los que asistí fueran tan desarrollados como los de El desarrollo del idioma inglés (ELD) o hayan sido bilingües como los de hoy. Los maestros eran bilingües, pero el propósito del programa era que todos habláramos, leyéramos y escribiéramos en inglés. Poco a poco perdí mi español. Poco a poco perdí mi acento, y poco a poco perdí mi habilidad de comunicarme con mis padres. Soy una persona que aprende rápido, pero de todos modos los otros niños se burlaban de mí porque no hablaba correctamente. En Estados Unidos es una tragedia no hablar Inglés. En muchos otros países las personas hablan más de un idioma. Claro que no los hablan perfectamente, pero esto no importa. Lo importante es hablar más que el lenguaje nativo. Así es como debería de ser en los Estados Unidos.

Los programas bilingües han progresado mucho en las escuelas. Depende del estado y distrito, pero unos tienen un plan de estudios para los estudiantes ELD. Hay exámenes para identificar el nivel de los estudiantes y cómo ayudarles. Dependiendo de las circunstancias y del nivel de los estudiantes, estos son usados para proveer dinero al programa. Es importante que todos participen y que las escuelas contraten a maestros bilingües y a excepcionales. Estoy un poco celoso de los estudiantes de hoy, quisiera haber sido parte de un programa ELD. Siento que perdí parte de mí, porque tenía que aprender cómo ser un "americano." Ahora que soy maduro y adulto, entiendo la importancia de mi cultura. Espero que más escuelas propongan y persigan programas de equidad. La diferencia entre los estudiantes es una fuerza positiva y no algo malo.

¿Si tantas personas hablan español por qué es politizado en la televisión? Es fácil, porque siempre hay alguien que tiene que ser el enemigo. Los Estados Unidos y México tienen una historia complicada. mexicanos, chicanos, latinos, hispanos, mexicoamericanos, etc. han vivido en los Estados Unidos por siglos. Pero esta guerra cómo se proyecta en las personas ¿Quiénes la sufren? Las personas que vienen a través de la frontera. Yo soy una de estas personas. Yo sé que es sufrir por ser diferente en un lugar donde las personas definen lo que es mejor. Durante todos mis años nunca me he sentido a gusto con mi nacionalidad. Me ha traído dolor y dificultades. Es la culpa de donde vivo. Aunque el español se puede usar como una manera para progresar y ser bilingüe es una habilidad codiciada; las personas a veces tienen que trabajar más duro para demostrar su competencia. Esto es porque la "lengua de América" se muestra como solo una y pone al idioma Inglés en un trono de oro.

The Language of America

Jose Miramontes-Somerville

How many languages are there in the world? There are many, but there are some that are more commonly spoken. In the United States, Spanish is spoken by sixty-two million people or ninteen percent of the population. I came to the United States when I was in the second grade of elementary school. My native language is Spanish, but my study of it stopped in the second grade. Scientific studies say that learning and improving your first language helps your second, third, and any other languages you learn.

I don't remember my first years of elementary school well, but I do remember that I was in bilingual classes. That was in the 1990s or 2000s. I don't think the programs I attended were as developed as ELD bilingual classes are today. The teachers were bilingual, but the purpose of the program was for all of us to speak, read, and write in English. Little by little I lost my Spanish. Little by little I lost my accent, and little by little I lost my ability to communicate with my parents. I'm a quick learner, but the other kids made fun of me anyway because I didn't speak correctly. In America, it is a tragedy not to speak English. In many other countries, people speak more than one language. Of course, they don't speak all of them perfectly, but that doesn't matter. The important thing is to speak more than one native language. This is how it should be in the United States.

Bilingual programs have progressed a lot in schools. It depends on the state and the district, but many have curricula for ELD students. There are tests to identify the level of the students and how best to help them. Depending on the circumstances and the level of the students, there are funds for these programs. It is important that everyone participates and that the schools hire exceptional bilingual teachers. I'm a little jealous of students today. I would have wanted to be part of an ELD program. I feel that I lost part of myself because I had to learn to be an American. Now I am a mature adult and I understand the importance of my culture. I hope that more schools can promote and sustain programs focused on equity. Differences between students are positive, not bad.

If so many people speak Spanish, why is it so politicized on television? That's easy: because there is always someone who has to be the enemy. The United States and Mexico have a complicated history. Mexicans have lived in the US for centuries. But the war, and how people are portrayed, influence the climate. Who will suffer? The people who are born and brought across the border. I am one of those people. I know what it is to suffer for being different in a place where others define what is best. During all my years, I have never felt comfortable with my nationality. It has brought me pain and difficulties. It's the fault of where I live. Although Spanish can be used in a way to get ahead and being bilingual is a coveted skill, people sometimes have to work extra hard to demonstrate their proficiency. This is why the language of America demonstrates and puts the English language on a throne of gold.

Ya No Estás en Tu País, Habla Inglés

Sayra Monje

Cuando llegué a Estados Unidos a los quince años, recuerdo que mis primos y sus amigos hablaban inglés entre ellos. Yo me sentía como un ratón frente a un elefante. En aquel tiempo yo pensaba que eso era irrespetuoso, pero ahora, después de diecisiete años en Estados Unidos, entiendo el porqué lo hacían. La misma cultura anglosajona te hace sentir avergonzada con sus humillaciones sobre tu propia lengua, por eso los muchachos tratan de "fit in" (encajar en la cultura anglo) y prefieren no hablar español.

En mis primeros seis años en Estados Unidos sufrí mucha discriminación por no saber expresarme bien en inglés, por tener un acento muy marcado y por practicar mi cultura. En más de una ocasión me dijeron "ya no estás en tu país, hablá inglés." Esto me llevó a decidir que mis hijos serían bilingües y les enseñé español desde pequeños. Mi hijo mayor solo aprendió español durante sus primeros cinco años, y cuando fue al kínder no entendía inglés por lo que se le dificultaba entender a su maestra. Mi hijo lloraba y sufría al no saber inglés y yo me sentía muy mal. Ahora mi hijo tiene trece años y usa muy poco el español pues sus primos, amigos, hermanos y conocidos hablan inglés.

Sin embargo, al ver que la cultura anglosajona está muy por arriba de otra cultura en Estados Unidos, yo no me arrepiento de solo haberle enseñado español a mis hijos en sus primeros años. Muchos argumentan que esto los atrasa en la escuela; pero, aunque en los primeros años de escuela así lo parece, después en el tercer o cuarto grado, dominan el idioma inglés completamente. Mi hijo está en materias avanzadas tanto en "Language Arts" (Artes del Lenguaje), como en Matemáticas. También lee, habla, y entiende español fluidamente. En conclusión, puedo decir por experiencia

propia, que es un tabú que al no enseñarles inglés desde chiquitos les afecta en la escuela, porque el aprender español durante sus
primeros cinco años construye la base para el aprendizaje del inglés
y el dominio de ambos lenguajes.

You Are No Longer in Your Country, Speak English

Sayra Monje

I came to the United States when I was fifteen years old. I remember how my cousins and their friends spoke English to one another. I felt like a mouse facing an elephant. At that time I thought they were being disrespectful. But now after seventeen years in the United States I understand that the Anglo-Saxon culture itself makes those outside the norm feel ashamed, with its humiliations of other languages and everyone just trying to fit in.

In my first six years in the United States, I suffered a lot of discrimination because I could not express myself well in English, had a strong accent, and still practiced customs from my culture. On more than one occasion I was told, "you are no longer in your country, speak English." This led me to decide that my children would be bilingual, and I taught them Spanish from an early age. My oldest son only learned Spanish for his first five years because when he went to kindergarten, he had difficulty understanding his teacher because he did not understand English.

My son cried and suffered because he didn't know English and I felt very bad. Now my son is thirteen years old, and he uses Spanish very little because his cousins and friends all speak English. I see that the Anglo-Saxon culture is so dominant over other cultures in the United States, and because of that I do not regret teaching my children only Spanish in their early years. Many would argue that this would make them fall behind in school. Although this may make the first few years of school may be difficult, by the third and fourth grades they master English completely. My son is now in advanced subjects in both language arts and math. He also reads, speaks, and understands fluent Spanish. It is a myth that not teaching English from a young age negatively affects kids when they go to school. My three children and many nephews have not been negatively affected at all by speaking Spanish during the first five years of their life.

Español es una herencia que no tiene precio...

Nancy Cortes

Esta es la historia de una niña inocente, tímida, callada. que llegó a este país en la edad de la preadolescencia, a la edad de doce años, no por decisión propia, sino por decisión de los padres para darle un mejor nivel vida como ellos decían. Para esta niña fueron momentos de sentimientos encontrados, por haber dejado su niñez en México en un pueblo pequeño en las afueras del estado de Oaxaca, que se llama Santa María Tindu, allí vivió momentos hermosos, importantes, inolvidables con la familia, los compañeros de la escuela, maestros y amigos. Al llegar a Estados Unidos fue toda una aventura que en su momento fue una experiencia llena de sentimientos encontrados de temor, frustración, enojos al estar cruzando la frontera donde muchas personas habían perdido la vida, al ser atropelladas por los autos al cruzar la autopista en San Isidro, luego regresar en su ataúd a su pueblo natal con su familia. La niña no entendiende él porque estaba en esa situación, cuando en ese tiempo la niña no sentía que era necesario ya que esta niña era muy feliz viviendo en aquel pequeño pueblo que dejó atrás.

Al pasar la frontera sin ser detenida, llegó a Madera California, a casa de un tío que le rentaba cuartos a sus padres, allí estuvieron la primer primavera y en el verano su familia emigró al estado de Oregón ya que los padres se dedicaban al trabajo de la agricultura y en procesadoras de vegetales y frutas conocidas como "Canerias." Mientras que los padres estaban buscando donde llevar a vivir a la familia, por ese momento, se establecieron unos meses en la misión de Mt. Angel donde proveían un techo y comida a las familias que no tenían donde vivir y se les ayudaba a buscar un techo permanente. Allí en Mt. Angel la niña empezó aprender el Inglés en el sexto grado, ella no sabía nada, en la escuela había una dos personas bilingües que trabajaban en la oficina y de repente ayudaban a la niña con preguntas y la dirigían a sus clases. Meses después, los trabajadores de la misión encontraron unos apartamentos disponibles de housing en Silverton, Oregón, y la familia se tuvo que mudar a ese pueblo. Al igual la niña empezó asistir a la escuela Secundaria donde no existían clases para aprender Inglés o ELL estudiantes hispanos eran contados con los dedos de la mano, si había uno que otro chicano, pero como que les daba pena hablar español. Estos dos años en la secundaria en Silverton fueron un reto enorme por enfrentar, sintiéndose aislada por los demás estudiantes y hasta de los maestros porque no se podían comunicar con ella en español. La niña siguió aprendiendo inglés a su ritmo y manera que podía en ese momento. Dos años después al entrar a la escuela secundaria de Silverton ya había más estudiantes como ella que recién llegaban de México y estaban acoplándose a la nueva forma de vida, allí se formó un grupito de estudiantes que hablaban español, aunque hubo veces que se sentía las malas vibras de los estudiantes anglosajones hacia el grupo. En los próximos cuatro años de la prepa, la adolescente ya dominaba mucho mejor el inglés, pero aún se sentía incómoda usarlo con los que ya eran fluentes en ese idioma. La niña, es decir, yo Nancy se graduó de la prepa con sus compañeros y decidió ya no seguir estudiando ya que había tenido a su primera hija y formado su familia.

Al tener a su hija decidió que era muy importante mantener el lenguaje español si es el que tus padres utilizan, ya que ser bilingüe te da la habilidad de comunicarte en los dos idiomas y te abre muchas puertas a nivel laboral y profesional. Esa fue la regla de mantener al pie de la letra en su familia, la condición era y sigue siendo "al entrar a la casa se habla solo español, así veas o escuches música en otro lenguaje la comunicación entre la familia es solo en español." "¡Al salir de la casa eres bienvenido a hablar inglés!" Y esa regla nos ha dado muy buenos resultados comprobando lo valioso que es tener ese don de ser bilingüe. Nuestros tres hijos son cien por ciento bilingües.

En los últimos años se habla mucho más del racismo, la discriminación, la desgualdad que existe en este país en todos los niveles, pienso que todos tenemos puntos de vista diferentes, yo como inmigrante desde muy pequeña siento que el racismo existe donde quiera en nuestras propias familias, nuestros países de origen, en otras partes del mundo. Excepto que no todos están a la defensiva cuando se sienten discriminados porque quizás no lo toman mucho a pecho. A mi personalmente me pasó un episodio que al ir caminando acompañada de mi niña que tenía diez años, pasa una camioneta roja manejada por un gringo y grita "go back to your country" bueno en ese momento yo dije no lo tome personal, ya que el individuo lo hizo conduciendo su camioneta él no se paró y no me lo dijo en la cara, ya que esa sería otra reacción de mi parte. ¡Me dice mi hija y porque te digo eso mami! Yo le dije: hay personas que quizás están teniendo un mal día y desquita su frustración al hacer comentarios negativos al prójimo. Especialmente si se ve uno diferente a ellos. A mi personalmente no me hirió, quizás me incomodó un poco porque mi niña iba al lado conmigo.

En lo tocante al tema de la inmigración y como inmigrante, mi opinión personal siempre ha sido y seguirá siendo que reconozco y agradezco a que este país nos abrió las puertas y todo depende de uno mismo si queremos progresar o no. Pienso que si estamos en este país como inmigrantes debemos seguir las reglas: aprender el idioma, respetar a los demás, al igual compartir nuestra cultura con ellos para que ellos conozcan nuestras raíces y cultura; manteniéndolas vivas por medio el arte, la música, el baile folclórico y no puede faltar la comida típica de nuestro país.

Mi deseo de mantener la herencia lingüística y cultural no a disminuido en los últimos meses al contrario ha crecido ya que dos de mis hijos están haciendo más presentaciones del folklore en la comunidad, compartiendo nuestras raíces y cultura y veo que son bienvenidos donde quiera que se presentan.

En conclusión, mantener nuestro lenguaje español vivo en esta generación y en el futuro es lo más hermoso e importante regalo que se nos ha pasado de nuestros padres y es un orgullo ser hispano al igual que es el lenguaje hablado en más de veintiuno países del mundo.

Spanish is a Priceless Heritage

Nancy C.

This is the story of an innocent, shy girl, who was twelve years old when she arrived in this country, not by her own decision, but because her parents wanted to give her a better quality of life. For this girl, there were moments of mixed feelings. She left her childhood in Mexico, in the small town of Santa María Tindu on the outskirts of the state of Oaxaca, where she had beautiful, important, and unforgettable moments with her family, classmates from school, teachers, and friends. Arriving in the United States was quite an adventure. At the time it was an experience full of feelings of fear, frustration, and anger to be crossing the border where so many people had lost their lives, some crushed by cars when crossing the highway in San Isidro, later returning in a coffin to the towns of their birth. As this girl understood the situation, she didn't feel leaving was necessary, especially since she was very happy living in the small town she had left behind.

After crossing the border without being detained, she arrived in Madera, California, at the house of an uncle who rented rooms to her parents. Her family stayed there the first spring, and in the summer emigrated to Oregon because her parents worked in agriculture processing fruits and vegetables in the *cañerías*. While her parents were looking for a place for the family to live, for a few months they settled at the Mt. Angel Mission, which provided a roof and food for families who had nowhere to live, and the people there helped them find permanent housing. In Mt. Angel, the girl began to learn English in sixth grade, but she didn't know anything. In the school, there were two bilingual people who worked in the office and they helped the girl with questions and directed her to her classes.

Months later, the mission workers found some available apartments in Silverton, Oregon, and the family had to move to that town. The girl had to start attending a middle school where there were no classes to learn English or ELL. Hispanic students could be counted on one hand. There may have been one or two other Chicanos, but they felt ashamed to speak Spanish. These two years of middle school in Silverton were a huge challenge to face. She felt isolated from other students and even from teachers because they couldn't communicate with her in Spanish. The girl continued to learn English at her own pace and in a way that she could at the time. Two years later, when she entered Silverton High School, there were already more students like her who had just arrived from Mexico and were adjusting to the new way of life. A small group formed of Spanish-speaking students, although there were times when she felt bad vibes from Anglo students toward the group. For the next four years of high school, the girl became much better in English but still felt uncomfortable using it with those who were already fluent in the language. I—Nancy, the bony girl—graduated from high school with her classmates and decided to no longer continue studying because already she had her first daughter and had started her family.

When she had her daughter, she decided that it was very important to maintain her Spanish language because being bilingual gives the ability to communicate in both languages and opens many doors at work and at a professional level. It was the rule to maintain the language of the family with the following condition: "When entering the house, only Spanish is spoken, even if you see or listen to music in another language, communication between the family is only in Spanish. When you leave the house, you are welcome to speak English!" And that rule has given very good results, proving how valuable it is to have the gift of being bilingual. All three of the girl's children are bilingual.

***

In the last few years, there has been much more talk about racism, discrimination, and the inequity that exists in this country at all levels. I think that we all have different points of view. As an immigrant from a very young age, I feel that racism exists everywhere in our own families, our countries of origin, and in other parts of the world. Except that not everyone is defensive when they feel discriminated against because maybe they don't take it to heart. An episode happened to me personally when I was walking with my ten-year-old daughter. A red truck passed by driven by a gringo who yelled "go back to your country." At that moment I said, don't take it personally, since that individual did it while driving his truck and didn't stop and tell me to my face, that would get a different reaction on my part. My daughter asked me why he said that. I told her there are people who may be having a bad day and they take out their frustrations by making negative comments about people around them. Especially if they see those who are different than them. Personally, it didn't hurt me but maybe it made me a little uncomfortable because my daughter was at my side.

Touching on the issue of immigration and as an immigrant, my personal opinion has always been, and I will continue to feel, that I recognize and appreciate that this country opened its doors for us, and it all depends on oneself if we want to progress or not. I think that if we are in this country as immigrants we must follow the rules, learn the language, and respect others, but we must also share our culture so that others can know our roots. We must maintain our lively culture through art, music, and folkloric dance, and you can't miss the traditional food of our country.

My desire to maintain my linguistic and cultural heritage has not diminished. On the contrary, it has grown since two of my children are doing more presentations of ballet folklorico in the community, sharing our roots and culture, and I see that they are welcome wherever they give their presentations.

In conclusion, keeping the Spanish language alive in this generation and in the future is the most beautiful and important gift that has been passed down to us from our parents. It is a pride to be Hispanic as our language is spoken in more than twenty-one countries around the world.

Dejando Mi Idioma en Segundo Lugar

Luis Oliva

El miedo de no poder aprender inglés en los Estados Unidos hizo que mi mamá me inscribiera en clases solo de inglés en la escuela primaria hasta la escuela secundaria. Reflexionando ahora sobre la decisión que tomó mi mamá cuando yo era pequeño, la entiendo. Entiendo cuáles fueron las razones porqué lo hizo, al vivir en un nuevo país, donde la mayoría habla un idioma diferente que es el inglés, yo sé lo difícil que fue esa decisión.

Yo sé que tomó la decisión con buena fe sabiendo que me iba beneficiar saber mejor el idioma inglés. ¿Pero ahora me hago la pregunta cómo hubiese sido mi español en la actualidad si ella no tomaba esa decisión?

Nací en Guatemala, a los tres años mis padres me llevaron a vivir a los Estados Unidos. Empecé a hablar español a los dos años y a practicar inglés a los cinco años. Después de vivir en California dos años, nos trasladamos a Oregón donde vivo actualmente. En Oregón es donde empecé asistir a escuelas y salones donde solo se hablaba en inglés. Al principio era muy difícil para mí la lectura en inglés porque venía de una casa donde solo se hablaba español. Siendo en ese momento el único hijo de mis padres, fue muy difícil para mí también porque no tenía un hermano o hermana mayor que me pudiera apoyar. Con el pasar de los años me acostumbré a hablar en inglés, y mi lectura fue mejorando poco a poco. Muchos de los amigos que tenía venían de familias latinas, pero con ellos siempre hablábamos en inglés.

Cuando era chico no le ponía mucha importancia al español y en cómo mejorar porque sólo lo hablaba con mi familia. Crecí estudiando inglés. Fue hasta que entré a la secundaria que empecé a tomar clases de español. Ahí fue donde yo pude ver la importancia de nuestro idioma, y de nuestra cultura. Cuando me gradué de la secundaria fui consciente de la importancia de saber dos idiomas en este país. Yo empecé a trabajar en un Girls and Boys Club donde iban niños a divertirse en diferentes programas después de la escuela. Siendo yo el único que sabía hablar en español me ponían hablar con padres que necesitaban ayuda para traducir algunas preguntas o llenar un formulario que estaba en inglés. Me encantó trabajar con los niños, entonces busqué un trabajo en la escuela como asistente de maestro. En la escuela fue otro lugar donde me di cuenta de que es muy importante saber español y saberlo bien para traducir a padres e incluso trabajar con niños que solo hablan en español. Ahora trabajando en una escuela que la mayoría son niños que vienen de familias hispanohablantes y que sus padres los ponen en programas bilingües entiendo que el español es muy importante en nuestro país. El desarrollo de nuestra lingüística es algo que se debe pasar y enseñar a cada generación, para que no se pierda la gran herramienta que tenemos.

Para concluir, mi deseo de expandir y mantener mi herencia y cultural ha aumentado mucho desde que yo era pequeño. Creo que hoy en día hemos mejorado en el afán de conservar nuestro idioma. Miro más programas duales en escuelas que están ofreciendo clases de inglés y español para mejorar los dos idiomas para niños en primaria. El español es algo que les voy a transmitir a mis hijos y ellos a sus hijos para aportar la importancia de nuestro idioma. Eso sí me queda todavía mucho que aprender de mi idioma y aunque no empecé de chico nunca es tarde para empezar a mejorarlo. El español es un idioma complejo y con muchas oportunidades para el futuro.

Leaving My Language in Second Place

Luis Oliva

The fear of not being able to learn English in the United States led my mom to put me in English classes from elementary through high school. I now understand the decision my mom made when I was little. She was living in a new country where the majority spoke a different language. And I know how difficult that decision was. I know she made the decision in good faith knowing it would benefit me to best know the English language. But now I ask myself, what would my Spanish capacity be today had I been in Spanish classes from an early age?

I was born in Guatemala City, Guatemala. My parents took me to the United States when I was three years old. I started speaking Spanish when I was two years old and started practicing English when I was five years old. My family lived in California for about two years, then we moved to Oregon where I currently live. Oregon is where I started going to English-only schools and classrooms. At first, lessons and reading were very difficult for me because I came from a house where only Spanish was spoken. At that time, I was the only child and I didn't have an older brother or sister who could help me. Over the years I got used to speaking English, and my reading improved little by little. My friends always spoke English together, even though most of them were also from Latinx families. Even with my best friend, Avian, I spoke English.

When I was a kid I didn't see Spanish as important, and I didn't try to improve because I only spoke it with my family. I grew up studying English. It wasn't until I entered high school that I took Spanish classes. That was where I could see the importance of our language and our culture. When I graduated from high school, the importance of knowing two languages in this country really hit me.

I started working in the after-school program at the Boys & Girls Club. I was the only one who knew how to speak Spanish, so I had to help translate for parents and often help them fill out forms that are only in English. I loved working with the children, so I looked for a teaching assistant position at the school district. While working in the schools I also realized how important it is to know Spanish. I now work in a school where the majority of children come from Spanish-speaking families, or whose parents put them in bilingual programs. I understand the importance of Spanish in this country. Linguistic development is something that must be passed on and taught to each generation, so that the great tool of language will not be lost.

To conclude, my desire to expand my heritage and cultural view-point has greatly increased since I was young. I think today there is more effort to conserve and sustain language and culture. I see more programs in schools that offer classes in both English and Spanish to improve both languages for children in elementary school. Spanish is something that I am going to pass on to my children, and they to their children to continue supporting the importance of our language. Of course, I still have a lot to learn about my language. Spanish is a complex language with many opportunities for the future.

Iba a Perder Algo Importante

Anonimo

Con solo diecinueve años de edad, yo creo que he pasado por muchas experiencias que me han cambiado la manera de ver al mudo y a las personas. La primera experiencia que cambió un poco en como yo miraba todo a mi alrededor, fue a los quince años cuando empecé a ser voluntaria en un banco de comida. Yo empecé de voluntaria en el banco de comida Ella Curran porque en la escuela tenían un requerimiento de que teníamos que hacer horas comunitarias para poder graduarnos. Los primeros días se me hacía un poco aburrido porque los demás voluntarios ya eran personas mayores que ya se habían retirado de su profesión. Pero como fui empezando a convivir más con ellos, me di cuenta de que no importaba que hacía uno en la vida de todos modos ya mayores íbamos a estar todos iguales. También empecé a hablar con las personas que venían a recoger comida y me di cuenta que nunca sabemos por qué cosas está pasando uno. Había gente que iba porque en verdad lo necesitaba y había otros que nada más iban porque era comida gratis. Y a quién no le gusta la comida gratis. También me di cuenta que había mucha gente hipócrita. De esta experiencia, aprendí que uno nunca sabe cómo es alguien solamente por ver su apariencia.

Otra experiencia que me enseñó mucho de la vida fue cuando paramos de ir a la escuela por el coronavirus. Al principio todo parecía que iba a regresar a la normalidad. Yo me decía a mi misma, "Oh solamente estás dos semanas y ya podré regresar a la escuela a empezar el nuevo semestre." Pero después nos dio a saber la escuela que el semestre de primavera iba ser por línea. En este tiempo me empecé a sentir un poco rara. Empecé a extrañar estar alrededor de personas y entré en una depresión. Estaba tan acostumbrada a estar alrededor de otros y cuando de repente ya no podía estar alrededor de personas me sentí deprimida.. Después de unas cuantas semanas de sentirme así, decidí hacer algo para cambiar este sentimiento. Empecé a tomar tiempo para reflexionar sobre cosas que hacía tiempo que no pensaba en ellas por estar tan ocupada. Empecé a salir más en caminatas viendo la naturaleza. Empecé a apreciar la vida. En esta experiencia aprendí a tomar más tiempo para apreciar todo lo que tenemos, porque la mayoría del tiempo estamos tan ocupados que no nos damos tiempo para apreciar.

La tercera experiencia que me enseñó algo valioso fue cuando casi perdí a una persona cercana por el coronavirus. Yo siempre he sido una persona que no comparte sus sentimientos. No por que no me gusta, si no por que es muy dificil para mi poder sentir emociones fuertes, aparte de cuando estoy en un lugar de depresión. Muchos dicen que tengo el corazón frío. No sé porqué, pero siempre he sido así. Durante diciembre se puso muy mal una persona cercana a mi. Al principio no sentía nada en verdad porque no podía. Pero pasaron los días y no se mejoraba. Solamente empeoraba su condición. Un dia estaba hablando con él por videollamada y estaba hablando como si se estuviera despidiendo. No sentía nada hasta que dije algo y de repente empecé a llorar. Yo estaba sorprendida y él también porque en todos los años que llevamos de amistad nunca me había visto llorar, al menos si era porque me había lastimado. Al fin, él mejoró y ahora está bien saludable. En esta experiencia aprendí que si puedo sentir emociones fuertes, y que tengo que aprender a enseñar de vez en cuando mis emociones y sentimientos. Que a lo mejor no es que no sienta nada, es que no sé como expresar que estoy sintiendo algo.

Sobre todo estas experiencias me enseñaron mucho sobre mí misma, como es el mundo, y sobre otras personas. Todos pasamos por nuestras propias experiencias que nos hacen las personas que somos hoy en día. Cada día vamos cambiando como vamos aprendiendo más sobre la vida y sobre nosotros mismos. No siempre vamos a ser la misma persona para siempre. Está bien que cambiemos quién somos, cómo vamos viviendo la vida. Al final del día nuestra felicidad es solo lo que importa. Las experiencias que vivimos en nuestras vidas nos hacen las personas que somos.

I Was Going to Lose Something Important

Anonymous

At only nineteen, I believe I have gone through many experiences that have changed how I see the world and people. The first experience that changed the way I looked at everything around me was at the age of fifteen when I started volunteering at a food bank. I began volunteering at the Ella Curran Food Bank because the school had a requirement that we had to do community service hours to graduate. The first few days I found it a bit boring because the other volunteers were older people who had already retired from their profession. But as I began to work with them, I realized that it didn't matter what one did in life anyway, and the older we get the more we are the same. I also started talking to the people who came to pick up food and I realized that you never know what others are going through. Some people came in because they needed it and others just went because there was free food. And who doesn't like free food? I also realized that there were many hypocritical people. From this experience, I learned that you never know what someone is like just by looking at their appearance.

Another experience that taught me a lot about life was when we stopped going to school because of the coronavirus. At first everything seemed like it would go back to normal. I said to myself, "Oh, I'm only here for two weeks and I can go back to school to start the new semester." But then the school let us know that the spring semester was going to be online. Around this time I started to feel a little weird. I began to miss being around people and went into a depression. I was so used to being around others and when suddenly I couldn't be around people anymore I felt depressed. After a few weeks of feeling this way, I decided to do something to change this feeling. I started reflecting on things I hadn't thought about in a while because I was so busy. I began to go on nature walks. I started to appreciate life. In this experience, I learned to take more time to appreciate everything I have because most of the time we humans are so busy that we don't give ourselves time to be grateful.

The third experience that taught me something valuable was when I almost lost someone close to me to the coronavirus. I have always been a person who does not share my feelings. Not because I don't like to, but because it's very difficult for me to feel strong emotions, except when I'm in a place of depression. Many say that I have a cold heart. I don't know why, but I've always been like this. In December a person close to me got very sick. At first, I didn't feel anything because I couldn't. But the days passed and he did not improve. His condition only worsened. One day I was talking to him on a video call and he was talking like he was saying goodbye. I didn't feel anything until I said something and suddenly I started crying. I was surprised and so was he because in all the years we've been friends he's never seen me cry, even when he had hurt me. In the end, he got better and is now healthy. In this experience, I learned that I can feel strong emotions and that I have to learn to show my emotions and feelings from time to time. It's not that I don't feel anything, it's that I don't know how to express that I'm feeling something.

Above all, these experiences taught me a lot about myself, about what the world is like, and about other people. We all go through our own experiences that make us who we are today. Every day we are changing as we learn more about life and ourselves. We are not going to be the same person forever. It's okay that we change who we are and how we live life. At the end of the day, our happiness is what matters. The experiences we have in our lives make us the people we are.

Cuando la Vida Te da Limones

Jacylin Cifuentes

La vida no siempre es perfecta. Todo el mundo tiene luchas en su vida. Cuando ocurren estas cosas, depende de nosotros dejar que nos detenga o ser positivos y hacer limonada cuando la vida nos da limones. Siempre he sido una persona persistente cuando quiero algo sin importar qué. Esto ha sido un accionar constante en mi vida. Aquí hay solo tres ejemplos de cuando mi actitud positiva y persistencia han realmente valido la pena.

Tuve una vida muy dura mientras crecía. Esto me afectó no solo en casa, sino también en la escuela. Siempre fue difícil para mí aprender, especialmente a leer. Mi madre siempre estaba trabajando y mi padre no sabía inglés, por lo que no había ayuda en casa para que yo pudiera hacerlo. En la escuela, los maestros tenían problemas para ayudarme, así que no me ayudaron y simplemente me pasaban al siguiente grado. Cuando estaba en cuarto grado todavía no sabía leer. Mi maestra se dio cuenta de que yo no sabía leer, pero que tenía muchas ganas de hacerlo, entonces, ella me ayudaba cada vez que tenía la oportunidad y siempre yo estaba practicando cuando tenía tiempo libre. Para el quinto grado estaba leyendo por encima de mi nivel de grado. Ahora enseño a niños que tienen problemas para leer. Si no hubiera sido por un maestro cariñoso y mi voluntad de aprender, no habría podido lograr esto.

Creciendo éramos pobres. A medida que crecí, nos volvimos más estables financieramente. Esto permitió que mis hermanos y yo comenzáramos a hacer actividades extracurriculares. En la escuela secundaria quería ser animadora. Mi madre no aprobó esto y me dijo que si deseaba hacerlo tendría que pagar todo yo misma. Iba a costar alrededor de mil dólares para estar en este deporte. Yo tenía quince años y no tenía trabajo. Eso no me importaba y estaba decidido a hacerlo. Hice trabajos ocasionales que pude. Cuidé niños a menudo. También realicé ventas de garaje y vendí muchas de mis cosas. Después de todo esto, ahorré suficiente dinero para unirme al equipo. ¡No solo entré en el equipo, sino que me convertí en la capitán! Una vez que me propongo algo, no dejo que nada se interponga en mi camino.

Era una madre joven y tenía tres hijos cuando tenía veintidós años. Mis hijos más pequeños en ese momento eran gemelos. A medida que crecían, noté que un niño parecía estar creciendo como se esperaba, pero el otro parecía muy retrasado. Yo sabía que algo estaba mal. Mi familia pensó que estaba sacando las cosas de proporción, pero yo sabía en mi corazón que tenía razón. Empecé a hacer mi propia investigación y a presionar a los médicos para que me escucharan. Después de muchas pruebas descubrí que uno de mis gemelos tenía autismo. La mayoría de la gente estaría triste, pero me sentí aliviado. Ahora que conocía su diagnóstico, lo siguiente que haría sería hacer lo que pudiera para ayudarlo adecuadamente. Recibió todo el mejor trato y terapias desde los dos años. Ahora, a los trece años, está en educación general y ya no se le considera autista. Muchos educadores me han dicho que, si no hubiera hecho lo que hice, él no tendría la historia de éxito que tiene hoy.

Estos pasajes de mi vida muestran que, aunque la vida no sea fácil, aún puede ser grandiosa. Solo sé positivo, siempre haz tu mejor esfuerzo y nunca te rindas.

When Life Gives You Lemons

Jacylin Cifuentes

Life is not always perfect. Everyone has struggles in their life. When these things happen, we decide if we let it stop us or if we are able to be positive and make lemonade when life gives us lemons. I have always been a persistent person when I want something, no matter what. This has been a constant theme in my life. Here are three examples of how my positive attitude and persistence have really been worth it.

I had a very hard life growing up. This affected me not only at home but also in school. It was always difficult for me to learn, especially to read. My mother was always working and my father did not know English, so there was no help at home for me to do it. At school, the teachers had trouble helping me so they didn't help me. They just passed me to the next grade. When I was in fourth grade I still couldn't read. That year, my teacher realized that I didn't know how to read but that I really wanted to. She helped me whenever she had the chance and I always practiced when I had free time. From the fifth grade on was reading above my grade level. Now I teach children who have trouble reading. If it hadn't been for a caring teacher and my willingness to learn, I wouldn't have been able to achieve this.

Growing up we were poor. As I got older, my family became more financially stable. This allowed my brothers and me to start doing extracurricular activities. In high school, I wanted to be a cheerleader. My mother did not approve of this and told me that if I wanted to do it, I would have to pay for everything myself. It was going to cost about a thousand dollars to be in this sport. I was fifteen years old and had no job. That didn't matter to me. I was determined to do it. I did various jobs whenever I could. I babysat often. I also held garage sales and sold many of my things. After all this, I saved enough money to join the team. I not only entered the team, but I became the captain! Once I set my mind to something, I don't let anything get in my way.

I was a young mother and had three children when I was twenty two years old. My youngest children at that time were twins. As they grew older, I noticed that one child seemed to be growing as expected, but the other seemed to have delayed development. I knew something was wrong. My family thought I was blowing things out of proportion, but I knew in my heart that I was right. I started doing my own research and pressured the doctors to listen to me. After many tests, I found out that one of my twins had autism. Most people would be sad, but I was relieved. Now that I knew his diagnosis, I could figure out what to do to give him proper help. He received all the best treatment and therapies since he was two years old. Now, at thirteen years old, he is in general education and is no longer considered autistic. Many educators have told me that if I hadn't done what I did, he would not have the success story that he has today.

These passages from my life show that even if life isn't easy, it can still be great. Just be positive, always do your best, and never give up.

Hablantes Nativos en un Mundo Monolingüe

Madison Steele

Muchas veces los hablantes nativos de un idioma han sufrido por tener que aprender un nuevo idioma, dejando de lado el suyo propio. Sin embargo, en una tierra monolingüe, como es Estados Unidos, es importante mantener la lengua nativa. Aunque, aprendí español cuando era joven y no soy un hablante nativo, he visto cómo el ser una persona bilingüe puede producir grandes resultados.

Cuando aprendemos la primera lengua en la niñez, nuestras formas de vida empiezan a crecer poco a poco. En mi familia, todos hablan inglés y hasta ahora, todavía todos solo pueden hablar inglés. Por lo tanto, mi familia tiene una lengua y es monolingüe. Por este motivo, cuando decidí aprender español no fue tan sencillo porque nadie hablaba español en mi casa. Entonces, conocí a los que hablan español en otros países y en mi comunidad. Ahora, aunque no puedo decir que soy un hablante nativo, puedo contar las historias hermosas de mis amigos cercanos los cuales son hablantes nativos.

En primer lugar, ha sido un placer aprender un idioma y una cultura diferente a la de mi propia vida. Puedo recordar cuando estaba en la escuela primaria y mis maestros me enseñaron algunas palabras en español en mi clase incluyendo cosas como colores, números, días de la semana, y meses del año. Desde aquel momento y en adelante en el colegio, mi interés creció mucho y estaba curiosa en aprender más de un idioma que nunca había escuchado. Como dije antes, en mi casa solo hablamos inglés, y también el lenguaje primario en mi escuela era inglés, todo estaba en inglés. En mi escuela, solo hay hablantes nativos de inglés, no de español. No fue hasta la escuela secundaria y la universidad que me encontré con una comunidad de hablantes nativos del español. Cuando los encontré, pude ver lo importante que es mantener una herencia lingüística.

En segundo lugar, cuando me integré a estas comunidades, empecé a aprender sobre sus problemas más profundos. A veces, algunos de los latinos conocen su herencia cultural y lingüística, pero no la tienen presente en sus propias vidas. Hay una gran desconexión entre su vida actual y su herencia anterior. Por este problema, estoy apasionada en enseñar a los niños a que hablen español en sus casas. Aunque no soy un hablante nativa del idioma español, quiero generar oportunidades para que los niños y jóvenes se conecten con sus raíces lingüísticas y culturales. En las clases que estoy enseñando, los niños muchas veces dicen "mi abuela habla español" pero no pueden hablar con sus abuelos. Por esta razón, me interesa mucho ayudar a los niños a entender la importancia de conocer su idioma de herencia y sus raíces.

La familia, la cultura, y la lengua son parte muy importante para entender de dónde venimos y quiénes somos. No solo comprender el ahora, sino para saber cómo era mi gente en el pasado y la gran historia de su propio pueblo. Algunos de mis amigos latinos tienen un padre latino y otro anglo, mis amigos comentan "Soy un latino falso porque no hablo español" pero eso no es así, todavía ellos son latinos, pero el ser latino, significa tener una herencia rica, y con este pasado, hay una gran necesidad de mantener el idioma y conectarse con los demás.

En conclusión, cuando me encontré con una comunidad de hablantes nativos de español, aprendí más de las cuestiones importantes sobre cómo mantener su herencia lingüística y cultural. Me di cuenta del peligro de la desconexión con sus propias raíces, y creció en mí una pasión por hacer todo lo que puedo para ayudar y enseñar a los niños a entender cuán importante es mantener su idioma, su cultura, y su historia.

I'm Not Latina but I Speak Spanish

Madison Steele

There have been many times that native speakers have suffered for their own language. However, in a land of monolingualism, it is important to maintain one's native language. Although I learned Spanish when I was young and I am not a native speaker, I have seen how being a person who can speak both languages can have great results. When a language is learned for the first time in youth, it teaches a form of life that grows little by little. In my family, everyone speaks English and even now they still only speak English. Therefore, my family has one language and is monolingual. On the contrary, when I learned Spanish it was not simply because no one else spoke Spanish in my house. I met Spanish speakers in other countries and in my community. Now, although I can't say I'm a native speaker, I can tell the beautiful stories of my close friends who are native speakers.

In the first place, it has been a pleasure to learn a language and culture that is different from my own life. I can remember when I was in elementary school and my teachers taught me elements of Spanish in class that included things like colors, numbers, days of the week, and months of the year. From that moment through the moments I now have in college, my interest has grown a lot and I have been curious to learn more about my second language. As I said before, in my house we spoke English, and also the primary language in my school was English. Everything was in English. It wasn't until high school and college that I encountered a community of native Spanish speakers. When I found this group, I could see how important it is to maintain their linguistic heritage.

Secondly, when I moved into these communities, I began to learn more about the deeper issues. Sometimes Latinos know their cultural and linguistic heritage, but they don't fully grasp it. There is a huge disconnect between life today and their previous heritage. Because of this problem, I am passionate about teaching children who have Spanish spoken in their households but don't have full use of the language. Although I am not a native Spanish speaker, I want to give them an opportunity to connect with their linguistic and cultural roots. In the classes that I will teach, a child can say that "my grandmother speaks Spanish," but she cannot speak with her grandparents. For this reason, I am passionate about helping children understand the importance of knowing their roots. Family, culture, and language are a big part of knowing who I was and who I am today. This is true not only now, but also to understand the past of my people and the history of the community. Some of my Latino friends have Latino fathers and others have Anglo fathers, and some of my friends say "I'm a fake Latino because I don't speak Spanish." But that's not right. They are still Latino because being Latino is having a rich heritage with a past. And that is why it is so important to maintain the language and to connect with others.

In conclusion, when I met a community of native speakers, I learned more about the important issues of maintaining their linguistic and cultural heritage. I realized the danger of disconnection from one's own roots, and it gave me a passion to do everything I can to help children in Spanish-speaking homes understand how important it is to maintain their language, culture, and their history.

El Niño Convertido en Traductor

Jovanny Ramos

En un punto en mi vida, odiaba traducir para mis padres. Desde que empecé a leer, mi madre siempre me ha buscado para traducirle ciertas cosas que no entiende. Al empezar no me molestaba cuando me preguntaba si le traducía algo, más bien lo hacía con gusto, me sentía bien ayudando en lo que podía, para leer cartas o preguntar algo en la tienda, por ejemplo. Cuando no sabía cómo decir algo no sentía mucho estrés porque todavía era niño y nadie me presionaba.

Todo cambió cuando entré a la secundaria, ya no me gustaba ser el traductor de la familia por varias razones, con el tiempo mi madre me ponía más y más presión cuando quería que le tradujera algo. Esta presión llegó porque ya no era un bebe y mi madre quería que le explicara todas las cartas en detalle, aunque yo no entendía lo que querían decir. Aquí fue donde cambió la forma en que yo miraba ser el traductor de la familia. En vez de ser algo que me gustaba hacer y lo hacía con orgullo, cambió a ser una carga en vez que me causaba estrés. Así fue casi toda mi secundaria, cada vez que mi madre quería que yo tradujera, poco a poco, me fue gustando menos y menos. Esto llegó al extremo de que un día cuando estaba en octavo grado cuando iba traducir una carta, mi madre me presionó tanto y esto me causó tanto estrés que le dije que ya nunca le volvería a traducir algo en mi vida. Mi madre entendió que la presión que me estaba poniendo era mala para mi salud y nuestra relación, entonces, cambiaron las cosas desde ese momento.

Mi madre ahora sabe cómo preguntar adecuadamente si le ayudo a traducir algo. En vez de presionarme como antes, me pregunta de buena manera y si no entiendo algo, nadie se enoja. Cuando no entiendo algo, lo tomamos con calma y trato de buscar alguna manera de traducir por el internet o encontrar una ayuda para aclarar lo que se necesita aclarar. Nos enfocamos en resolver el problema, en vez de discutir sobre cosas innecesarias y causarnos daño. Esta experiencia la he tomado y aplicado a otras partes de mi vida porque aunque puedes sentir como carga la presión de ser el niño traductor, es importante encontrar una manera de liberarte de esa presión con alternativas para poder seguir ayudando a tu familia que te necesita.

The Boy Who Turned vinto a Translator

Jovanny Ramos

At one point in my life, I hated translating for my parents. Since I started reading, my mother always sought me out to translate certain things she doesn't understand. At first, I didn't mind when she asked me to translate something for her, rather I did it with pleasure. I felt good helping out where I could, reading letters or asking for something in the store, for example. When I didn't know how to say something I didn't feel a lot of stress because I was still a kid and no one pressured me.

Everything changed when I entered high school. I no longer liked being the family's translator for various reasons. And with time, my mother put more and more pressure on me when she wanted me to translate something for her. This pressure came because I was no longer a kid and my mother wanted me to explain all the letters in detail, although I did not understand what they meant. This is when I changed the way I looked at being the family translator. Instead of being something I liked to do and did with pride, it became a burden that caused me stress. That's how it was almost all through high school—every time my mother wanted me to translate, little by little I liked it less and less. One day when I was in eighth grade, I was going to translate a letter for my mother. She put so much pressure on me and it caused me so much stress that I told her that I would never translate for her again. My mother understood that the pressure she was putting on me was bad for my health and our relationship, so things changed from that moment on.

My mother now knows how to properly ask if I will help her translate something. Instead of pushing me like before, she nicely asks me and if I don't understand something, no one will get angry. When I don't understand something, we will both stay calm and I will try to find some way to translate on the internet or find help to clarify what needs to be clarified. We focus on solving the problem instead of arguing about unnecessary things and causing ourselves harm. I have taken this experience and applied it to other parts of my life because although the pressure of being the child translator may feel like a burden, it is important to find a way to free yourself from that pressure with alternatives to continue helping your family that needs you.

Resiliencia

Resilience

El Don de Superar la Adversidad

Angelica L. Salazar

La palabra *educación* me produce un mar de emociones, por las oportunidades que me fueron negadas, pero también por mi perseverancia a salir adelante y superarme sin darme por vencida. Cuando pienso en la palabra *educación* me llegan recuerdos de ciertas facetas de mi educación y de como me fue denegada. Yo he sido una persona con amor a la educación pero esas fueron unas alas que me cortaron a muy corta edad y que tuve que ser fuerte para aceptarlo pero jamás la di por perdida.

Yo fui una buena alumna en toda la extensión de la palabra pero cuando tenía catorce años dejé de ser una estudiante para pasar a ser ayudante de mi casa. Viajamos a México ya no había manera de seguir en la escuela por motivos de dinero, sin embargo, no me di por vencida. Me inscribí a la primaria para adultos, ese era un programa para adultos, pero durante mi estancia en México saqué mi certificado de sexto grado. Tiempo después al regresar a Los Estados Unidos yo tenía dieciséis años y no me inscribieron en la escuela.

A los diecisiete años cuando ya estaba casada. Mi esposo me habló del programa GED que lo escuchó en la radio y me dijo que lo hiciera ya que yo le había dicho que me habían cortado las alas de la educación. Mi esposo me puso una condición: no darme por vecindad y sacar ese certificado. Cumplí esa condición por mí y saqué mi GED en siete semanas, literalmente me gradué siete meses antes del año que me debía de graduar. ¡Lo logré! Y siempre me he sentido orgullosa de ese logro porque tuve el coraje suficiente para terminar el programa, aunque tuve dificultades en cuanto a transporte y a una nueva sorpresa en mi vida.

Salí embarazada de mi primera hija y pensé que era el final de mi educación. Ya que no pude seguir estudiando y no aprendí inglés. Claro que en los años siguientes estudié otras cosas como por ejemplo tomar unas clases de paternidad porque yo quería ser una buena madre. También durante tres años fui voluntaria a tiempo completo en una escuela, siempre llevando conmigo a mi hija ya que me lo permitió la directora. Mi hija se convirtió en parte de la clase y yo aprendí mucho de las maestras a las que ayudé en su salón (no obtuve certificado o dinero, pero el conocimiento que adquirí no tiene valor) Años después salí embarazada de mi segunda hija y ella fue mi motivación para esforzarme a estudiar y aprender inglés. Aprendí lo básico, pero lo suficiente para darme entender y entender. Claro que después tuve que seguir trabajando y ya no seguí estudiando porque no se podía.

Cuando empezó la pandemia, reduje mi trabajo de tiempo completo a un día para poder ayudar a mis hijas con la escuela. No negaré que tenía nervios de cómo íbamos a pagar las necesidades de la familia. Al quedarme en casa me puse en contacto con el colegio de Chemeketa y me inscribí en el programa de ESOL. Lo terminé y desde hace unos meses estoy cursando clases de colegio con la intención de llegar a ser maestra solo que esta vez sí quiero tener un título. Yo siempre he dicho que sentí que me cortaron las alas como se las cortan a un pájaro para que ya no vuele. Claro que yo fui el ave fénix que resurge de las cenizas. Aprendí que sin importar las adversidades que te ponga la vida uno siempre tiene que esforzarse por superarlas.

The Gift of Overcoming Adversity

Angelica L. Salazar

The word *education* produces a sea of emotions in me, not only because of the opportunities that were denied me but also because of my perseverance to get ahead and improve myself without giving up. When I think of the word *education* I am reminded of certain facets of my education and how it was denied me. I have been a person with a love of education, but those wings were clipped from me at a very young age. I had to be strong to accept this, but I never gave it up.

I was a good student in every sense of the word. But when I was fourteen years old I stopped being a student to become a helper at home. We traveled to Mexico and there was no way to continue in school for financial reasons. However, I did not give up. I enrolled in the primary school for adults, which was an adult literacy program, and during my stay in Mexico, I got my sixth-grade certificate. Later when I returned to the United States, I was sixteen years old and my parents did not enroll me in school.

At seventeen, I was already married. My husband told me about a GED program that he heard about on the radio. He told me to do it because I had told him that my educational wings had been clipped. My husband put a condition on me: he would not go near me and I would get that certificate. I met that condition for myself and got my GED in seven weeks, literally graduating seven months before the year I was due to graduate. I made it! And I have always been proud of that achievement because I had the courage to finish the program, even though I had difficulties with transportation and a new surprise in my life.

I got pregnant with my first daughter and I thought it was the end of my education. I couldn't continue studying and I didn't learn English. In the following years, I studied other things, such as taking some parenting classes because I wanted to be a good mother. Also, for three years I was a full-time volunteer in a school, always taking my daughter with me which the principal allowed me to do. My daughter became part of the class and I learned a lot from the teachers I helped in her classroom. (I didn't get a certificate or money, but the knowledge I gained is priceless.) Years later I got pregnant with my second daughter and she was my motivation to strive to study and learn English. I learned the basics, but enough to give myself understanding. Later I had to continue working and I no longer continued studying because it was not possible.

When the pandemic started, I reduced my full-time job to one day so I could help my daughters with their school. I won't deny that I was nervous about how we were going to pay for the family's needs. While I was at home, I contacted Chemeketa College and enrolled in the ESOL program. I finished it and for a few months now, I have been taking college classes to become a teacher, only this time I do want to have a degree. I have always said that I felt that my wings were clipped like a bird so that it can no longer fly. But I was the phoenix that rises from the ashes. I learned that regardless of the adversities that life throws at you, you always have to strive to overcome them.

Atrapada en Mi Interior

Anónimo

Un día estaba camino a casa en mi coche escuchando música de una banda que me encanta, cuando de pronto me ví obligada a apagar la música. Disfruto la música mexicana, es una manera de relajarme, sin embargo, esa tarde al parar en una luz roja la persona del carro de a lado me comienza a gritar: "Turn off that music, that is illegal here. It is America and in America we only speak English." En ese momento mi corazón comenzó a latir más fuerte y solo quería desaparecer de ese lugar. Ahora que reflexiono sobre ese recuerdo me pregunto, ¿por qué apague la música si yo no estaba haciendo nada malo? ¿por qué le di la razón a una persona que no la tenía? Yo tengo derecho a escuchar la música que a mí me gusta y no hay razón para sentirme avergonzada. ¿Me pregunto cómo reaccionaría ahora en una situación similar?

En primaria asistía a una escuela donde el porcentaje de estudiantes americanos era de un noventa porciento. La mayoría de los estudiantes eran de familias de clase alta y solo hablaban en inglés. Los pocos hispanos que asistíamos a la escuela éramos menospreciados y como personas que no teníamos futuro de universidad. Mi autoestima se vio afectada durante mi juventud porque mi inglés no era muy bueno, me sentía incapaz de sobresalir debido a mi acento. Pero un día antes de salir de la clase, la maestra Hoover tocó mi hombro y me dijo: "Estoy muy orgullosa de ti, no tengas miedo a sobresalir, todo lo que te propongas lo podrás lograr." Esa tarde caminé a casa recordando las palabras de mi maestra. Me imaginé quién sería en diez años y todo lo que imaginaba se sentía tan real. A partir de ese momento me di cuenta de que yo era una persona importante y que era valiosa por mis cualidades como persona.

Por muchos años me sentí atrapada dentro de mí misma. Mi persona me pedía a gritos salir y expresar quién era, pero la sociedad a mi alrededor me intimidaba. El miedo a ser rechazada no me permitió expresar quién era en realidad. Muchas veces fui señalada por hablar español y por tener un acento, porque mi inglés no era perfecto, me juzgaban como alguien que no podría lograr grandes metas. Era al final de quinto año y para nuestra graduación que la maestra pidió que escribiéramos sobre que nos gustaría ser cuando fuéramos grandes. Yo escribí: "Quiero ser doctora para ayudar a los enfermos." Al compartir mi deseo con mis compañeros, ellos comenzaron a reír debido a que soy mexicana, para mis compañeros americanos era como una broma el que yo algún día pudiera ser doctora. Estos y otros recuerdos me impedían expresarse por muchos años. Afortunadamente, hoy en día veo las cosas desde mi interior, por eso me siento orgullosa de ser bilingüe. Escucho música con libertad y me enorgullece hablar español con mi familia y amigos. Por haber vivido el desprecio en carne propia por mi lengua y mi cultura, me gusta ayudar a los hispanos que necesitan ayuda con el inglés. Para mí es un placer poder traducir en español. Hoy puedo gritar al aire libre ¡VIVA MÉXICO! sin ningún miedo.

Trapped Within Myself

Anonymous

I was driving home in my car listening to the music from a band I love when all of a sudden, I was forced to turn off the music. I enjoy Mexican music as a way to relax. That afternoon, when I stopped at the red light the person in the car next to me started yelling at me, "Turn off that music, that is illegal here. It's America and in America, we only speak English." At that moment my heart started beating three times stronger than usual and I just wanted to disappear. Now that I reflect on that memory, I wonder why I turned off the music. I wasn't doing anything bad, and when I turned it off, I agreed with the person who was wrong. I have the right to listen to music that I like and there was no reason to feel ashamed. I wonder how I would react in a similar situation now.

I attended a primary school where ninety percent of the students were white Americans. Most of the students were from high-class families who only spoke English. The few Hispanics who attended the school were seen as less important and not likely to have a future at university. My self-esteem was low during my youth because my English wasn't very good. I felt incapable of standing out because of my accent. My teacher, Mrs. Hoover, touched my shoulder before leaving her class one day and told me, "I am very proud of you, don't be afraid to stand out, and everything you set your mind to you can achieve." That afternoon I walked home reflecting on my teacher's words. I imagined who I could be in ten years. Everything I imagined felt so real. From that moment I realized that I was an important person and that I was valuable for my qualities and who I was as a person.

For many years, I felt trapped within myself. My persona was crying out for me to stand up and express who I was, but society around me intimidated me. The fear of being rejected did not allow me to express who I really was. Many times I was singled out for speaking

Spanish and for having an accent. Because my English was not perfect, I was judged as someone who could not achieve great goals. At the end of fifth grade, the teacher asked us all to write about what we would like to be when we grow up. I said, "I want to be a doctor to help the sick." As I shared my wish, my classmates began to laugh. Because I am Mexican, it was like a joke to my American classmates that I could one day be a doctor. These and other memories prevented me from expressing myself for many years. Today I see things from within. I am proud to be bilingual. I listen to music freely and I am proud to speak Spanish with my family and friends. Because I have experienced contempt for myself, I like to help others. For example, I help Hispanics who need help with English. For me, it is a pleasure to be able to translate Spanish. Today I can shout "¡VIVA MEXICO!" outdoors without any fear.

Prohibido Estudiar

Anónimo

Siempre es importante mantener la calma y resistir frente a las dificultades que te presente la vida. Como estudiante viví y experimenté eventos desagradables, tristes, y de mucha desilusión en mi hogar basados en mis estudios.

En la preparatoria siempre tuve buenas calificaciones y asistencia regular. Estaba involucrada en varios clubes y varias actividades extracurriculares. Me encantaba ponerme metas en mis trabajos y tareas para que mis padres estuvieran orgullosos de mí. La realidad es que a ellos les daba igual si obtenía buenas calificaciones o no. Nunca asistieron a los desayunos con los directores, o a las juntas de maestros o conferencias. Siempre me decían que yo no debería estudiar y que mejor me casara. Yo seguí asistiendo a la escuela porque mi sueño era graduarme con muy buenas calificaciones y ver si después de eso, mis padres quizás llegaran a sentirse orgullosos de mí. Para resumir esta experiencia, llegó el día de mi graduación y me dijeron que no asistirán, yo lloré demasiado ese día y confié en un maestro y le platiqué mi situación. El maestro fue a hablar con mis papás un par de horas antes de la ceremonia, y para mi sorpresa al recibir mi diploma, ellos estaban frente de mí en el estadio. Fui a abrazarlos y a agradecerles por haberse presentado. ¡Qué feliz me sentí!

Días después de ese evento, les comuniqué a mis padres acerca de mi aceptación en la universidad y la beca que había recibido para poder estudiar sin pagar ni un solo dólar. A mis padres no les agradó la noticia porque era requerido en esa universidad quedarse en la residencia el primer año de escuela. Me cortaron las alas, me prohibieron ir a estudiar a esa universidad, pero me dijeron que podía ir a un colegio comunitario, porque así podría regresar a casa todos los días. Esa idea derribó e hizo pedacitos mi sueño. Me dio vergüenza informar a mis maestros y a la escuela que mi plan ya no estaba en pie. Me sentí con unas ganas inmensas de huir, pero me detenía por mi familia porque sin ella me sentiría perdida. Decidí aceptar lo que mi papá me ofreció, que era ir al colegio comunitario y ya estando ahí, pensé que todo cambiaría para bien. A los pocos meses me empezaron a presionar para dejar la escuela, de alguna u otra forma yo los llegaba a convencer ofreciéndoles ayuda económica de un trabajo de medio tiempo que tenía como mesera. No duré mucho así, ya que mi mamá ya no podía trabajar y ahora la necesidad de otro ingreso se hizo más grande. Dejé de estudiar porque al ser la hermana mayor, tenía la obligación de ayudar a mantener a la familia. Eso me destrozaba tanto por dentro que no hay palabras para expresar lo que mi cuerpo y mente llegaron a sentir. Solo recordaba las palabras de mi padre: "Prohibido que estudies, no tienes tiempo para eso. ¡Necesitas trabajar y ayudarme!"

Cuento esta historia personal porque lo que sufrí por ser una niña en un hogar con padres estrictos no fue nada agradable. Fui la única en mi familia con una motivación hasta el cielo de ir a estudiar. Mi sueño lo derribaron y lo hicieron pedacitos. Nunca recibí apoyo de su parte, mis padres pensaban que yo no iba a lograr nada en la vida, que yo estaba destinada a ser ama de casa y a tener hijos. Fueron experiencias tristes, pero al fin llegué a aprender que puedes parar la perspectiva que tiene la sociedad o quizás tus padres (en mi caso), de la mujer. Aprendí que una mujer merece estudiar, merece ser apoyada y merece todas las oportunidades que el mundo le puede brindar, lo sé porque eso es lo que yo necesité y no lo tuve. Por eso, voy a hacer las cosas diferentes a lo que hicieron mis padres. Yo le brindaré mi apoyo incondicional a mi hija para que cumpla todos sus sueños educativos, sí es que ella lo desea.

Prohibited Studies

Anonymous

It is always important to remain calm and resist the difficulties that life presents. As a student I lived and experienced difficult, sad, and very disappointing events in my home based on my studies.

In high school I always had good grades and attendance. I was involved in various clubs and extracurricular activities. I loved setting goals for my work and homework so that my parents would be proud of me. The reality was that they didn't care if I got good grades or not. They never attended breakfasts with the principals or teacher meetings or conferences. They always told me that I shouldn't study and that I should get married. I kept going to school because my dream was to graduate with very good grades and see that my parents were proud of me. To summarize this experience, the day my graduation came and my parents were not going to attend, I cried so much that day and I told a trusted teacher about my situation. The teacher went to talk to my parents a couple of hours before the ceremony and to my surprise my parents were in front of me in the stadium when I received my diploma. I hugged them and thanked them for showing up.

Days after that event, I told my parents about my acceptance into university and the scholarship I had received so that I could study without paying a single dollar. My parents did not like the news because the university required students to stay in the dormitories during the first year of school. My parent cut my wings, they prohibited me from going to study at that university. But they did tell me that I could go to a community college so that I could return home every day. My dream was torn down and smashed to bits. I was embarrassed and so sad to tell my teachers and the university that my college plans were no longer in place. I felt an immense desire to run away but couldn't because without my family I would feel lost. I decided to accept what my dad offered me, which was to go to community college, and once I was there, I thought everything would change for the better. But after a few months they began to pressure me to drop out of school. I managed to convince them to let me stay by helping the family financially with a part-time job I had as a waitress. This didn't last long because my mom couldn't work anymore and there was need for more income. I stopped studying because as the oldest sister, it is my obligation to help support the family. That destroyed me so much inside that there are no words to express what my body and mind came to feel. I only remember my father's words: "You are forbidden to study, you don't have time for that! You need to work and help me."

I tell this personal story because what I suffered as a child in a home with strict parents was not pleasant at all. I was the only one in my family with motivation in heaven to go to study. My dream was torn down and smashed to bits. I never received support from my parents and thought I was never going to achieve anything in life, that I was destined to be a housewife and have children. These were sad experiences, but in the end I came to learn that a person can overcome the societal perspectives and, in my case, parental perceptions about women. I learned that women deserve to study, deserve to be supported, and deserve all the opportunities the world has to offer. I know this because that is what I need and did not have. That is why I am going to do things differently from my father's way. I will give my daughter my unconditional support so that she fulfills all of her educational dreams and wishes.

¿Guerra o Juego de Niños?

Isis Zetino-Rodriguez

El primer recuerdo de mi vida es en la casa de mi tía Mila, comiendo mangos maduros, llenándome la cara y las manos con esos deliciosos y jugosos mangos, no había mejor lugar en el mundo que esa casa, aún más que la casa de mis padres, esa casa era mi lugar especial.

No recuerdo la fecha exacta, ahora haciendo números y calculaciones, sé que estábamos en medio de lo que los salvadoreños llamamos "La ofensiva final," El Salvador estaba sumido en una sangrienta guerra civil desde 1979 entre el gobierno y la guerrilla FMLN, fue en esa época qué viví estas tres experiencias qué marcaron mi vida.

La luz del sol se había ido ya, las estrellas reinaban el cielo oscuro, y mis primas y yo jugábamos a la casita con mi mamá, qué feliz estaba yo pensando que nada más era un juego, lo recuerdo como si fuera ayer: los colchones de las camas en contra de las paredes, mis primas, mayores que yo por cinco y siete años más, mi primito bebe, mi mamá embarazada, mi papá, mi tía y su esposo, todos en un solo cuarto jugando, o al menos era lo que todos me hacían creer, mientras afuera de la casa se llevaba a cabo una sangrienta batalla.

Esa no fue la única ocasión en la que yo pensaba que estábamos jugando, en ocasiones en el patio de mi casa me encontraba con cartuchos de balas vacías:

—¿Qué es esto mami?

—Son saleros de juguete—me decía mi mamá con la voz más dulce y tierna que puedan imaginar.

—¿Mami qué son esos ruidos?—pregunté en otra ocasión cuando escuchaba el sonido de las balas cerca de la casa.

—Esos son cohetes chiquitos hijita.

—De esos cohetitos me compras para navidad mami.

No recuerdo el gesto que habrá hecho mi mamá, pero estoy más que cien por ciento segura que habrá sido de ternura, tratando de ocultarle a su hija de cuatro años que estábamos en medio de una sangrienta e inútil guerra.

Debido a la guerra nos cortaban la electricidad muy seguido, en esas noches de profunda oscuridad a veces mis padres y yo salíamos al jardín de frente, recuerdo que yo cazaba luciérnagas, mi papá siempre me decía que las luces se apagaban para que los niños pudieran ver las luciérnagas y cazarlas sin ningún problema. Estos juegos de niños, tratando de ocultarme la verdad, fue lo primero que marcó mi vida.

La segunda fue cuando en una ocasión, durante lo más fuerte de la ofensiva, recuerdo que nos estábamos quedando sin alimento, mi mamá y mi tía encontraron seis elotes viejos, los cocinaron, prepararon, he hicieron tortillas para cada uno de los que estábamos ahí, las tortillas debían durar para tres días, nueve tiempos de comida para cada uno, pero mi tío, el esposo de mi tía Mila, tuvo un ataque de pánico y se comió más tortillas de las que debía. Esa noche mi papá y mi tía decidieron salir a buscar comida, tomaron un a pañal de tela y lo amarraron a una rama de árbol para poder tener una bandera blanca y dejar saber a la guerrilla o al ejército que ellos no pertenecían a ninguno de los bandos.

—Milita—dijo mi papá—si yo caigo por favor no se quede a ayudarme, traiga la comida para Orbe y los niños.

—Marco—le respondió mi tía—igual si yo caigo no se detenga por mí, Ud. corra y traiga la comida que Orbe lo necesita.

Gracias a Dios los dos llegaron con bien, no quiero ni pensar lo qué hubiera pasado con nosotros, si hubiéramos perdido a mi tía o a mi papá ese día, gracias a ellos pudimos sobrevivir el resto de la guerra antes de huir del país.

Finalmente la tercera experiencia fue cuando a finales de 1989 tuvimos qué dejar el país, huimos de la guerra en un pequeño pickup Datsun rojo, no me puedo ni imaginar lo qué habrá sido para mis padres, el tener qué dejar todo atrás, en especial para mi papá, que dejó en El Salvador a toda su familia. Yo honestamente no sabía hacia donde íbamos, aunque ya para este entonces comenzaba a tener una idea de lo que pasaba (porque por más esfuerzos de mis padres por encubrir la guerra eso resultaba imposible, mis primas me llevaron a ver unos cadáveres cerca de su casa, y así comencé a tener un poco de noción de la guerra), recuerdo qué iba mirando hacia la calle, la carretera se miraba enorme y super larga para una niña de casi cinco años qué estaba dejando todos sus juguetes atrás.

Estuvimos un tiempo en México, no tengo muchos recuerdos durante esos pocos meses, y luego nos mudamos a L.A con la familia de mi mamá.

La guerra terminó en 1992, cuando el dieciséis de Enero se firmaron los Acuerdos de Paz, y nosotros regresamos por fin a casa.

Si bien no recuerdo mucho de la guerra excepto lo que me cuentan, lo que más aprendí de esa experiencia fue el amor infinito que los padres tienen por sus hijos y lo mucho que están dispuestos a sacrificarse por ellos, de esto aprendí a ser una buena mamá sin importar las circunstancias.

War or Child's Play?

Isis Zetino-Rodriguez

The first memory of my life was at my Aunt Mila's house, eating ripe mangoes, filling my face and hands with delicious and juicy mangoes. There was no better place in the world than that house, not even my parents' house. That house was my special place.

I don't remember the exact date, but now doing the numbers and calculations, I know that we were in the middle of what we Salvadorans call "The Final Offense." El Salvador was plunged into a bloody civil war in 1979 between the government and the FMLN guerillas. It was at that time that I lived these three experiences that marked my life.

The sunlight had already gone, the stars were sparkling in the dark sky, and my cousins and I were playing in the house with my mom. I was so happy and thinking that it was nothing more than a game. I remember it like it was yesterday: the mattresses against the walls, my cousins, older than me by five and seven years, my baby cousin, my pregnant mom, my dad, my aunt, and her husband, all in one room playing, or at least that was what everyone made me believe, while outside the house a bloody battle had just started.

That was not the only time I thought we were playing. Sometimes on the patio of my house I would find empty bullet cartridges.

"What is this, mommy?"

"They are toy saltshakers," my mom would reply in the sweetest and most tender voice you can imagine.

"Mommy, what are those noises?," I asked her another time when I heard the sound of bullets near the house.

"Those are little fireworks, my little daughter."

"Will you buy me those fireworks for Christmas, Mommy?" I don't remember the gesture my mother must have made, but I am one hundred percent sure that is must have been tender, trying to hide from her four-year-old daughter that we were in the middle of a bloody and useless war.

Due to the war, they often cut off the electricity. On those nights of deep darkness, sometimes my parents and I went out to the front garden. I remember that I used to hunt fireflies. My dad always told me that the lights were turned off so that children could see the fireflies and catch them without any problem. These children's games were trying to hide the truth from me, and they were the first things that marked my life.

The second experience was an occasion during the height of the offensive when I remember that we were running out of food. My mothers and my aunt found six old ears of corn, cooked them, prepared them, and made tortillas. The tortillas were supposed to last for three days, nine meals for each one of us there. But my uncle, my aunt Milas's husband, had a panic attack and ate more tortillas than he should have. That night my dad and my aunt went out to look for food. They took a cloth diaper and tied it to a tree branch so they would have a white flag to let the guerillas or the army know that they did not belong to either side.

My aunt Mila said, "If I fall, don't stop for me either. You run and bring the food for Orbe and the kids."

My dad responded, "Same for me. If I fall, don't wait for me. You run and bring the food. Orbe needs you."

Thank God they both came back alright. I don't even want to think about what could have happened to us if we had lost my aunt or my dad that day. Thanks to them, we were able to survive the rest of the war before fleeing the country.

Finally, the third experience was at the end of 1989 when we had to leave the country. We fled the war in a small red Datsun pickup. I can't even imagine what it must have been like for my parents, to have to leave everything behind. Especially for my father, because he left his whole family back in El Salvador. I honestly didn't know where we were going, although by this time I was beginning to have an idea of what was happening. (Because even with the protection of my parents, hiding the war was impossible. My cousins took me to see some corpses near their house, and I began to have an idea about the war.) I remember looking toward the street and the road looked huge and super long for an almost-five-year-old girl who was leaving all her toys behind.

We were in Mexico for awhile, but I don't have many memories during those few months. And then we moved to Los Angeles with my mom's family. The war ended on January 16, 1992, when the peace accords were signed and we could finally return home.

Although I don't remember a lot about the war except what I am told, what I learned most from the experience was the infinite love that parents have for their children and how much they are willing to sacrifice for them. From this I learned to be a good mom no matter the circumstance.

Inteligencia Resiliente Ante las Adversidades

Leticia Ponce

A través de los años, he visto como mi familia, vecinos y amigos han atravesado grandes adversidades en sus vidas. Es verdad, todos pasamos por problemas a lo largo de nuestra vida, cada uno muy particular: quizás atravesamos por problemas leves y otros muy fuertes. A veces quisiéramos tener el poder de volver en el tiempo, de regresar al pasado para poder cambiar las circunstancias que nos llevaron a sufrir cierta adversidad.

La vida me ha enseñado que no es beneficioso vivir en el pasado y que ningún problema es eterno. Mi vida no ha sido fácil desde mi infancia: mi padre nos abandonó cuando yo solo tenía dos años de edad, esa misma noche incendiaron nuestra casa y nos quedamos sin hogar, perdimos absolutamente todas nuestras pertenencias. Estoy segura de que las adversidades que viví en mi infancia me equiparon con la capacidad para superar y revertir las adversidades que afrontaría en mi adolescencia y que con el tiempo fue formando la persona que soy ahora.

Permítanme contarles algunas adversidades que afronté en mi adolescencia y cómo logré superarlas.

Mi Hermano Mayor Empieza a Consumir Drogas

El abuso de sustancias adictivas tiene un efecto nocivo en quien las consume, pero también afecta a quienes te rodean. Ese fue el caso de mi hermano mayor. El consumo de drogas le afectó enormemente, pero también tuvo un impacto directo en mí.

Mi hermano empezó a consumir marihuana cuando tenía quince años. Por algunos cinco o seis años la consumió sin que se manifestaran cambios muy notorios en su comportamiento. Las cosas cambiaron cuando empezó a experimentar con sustancias cada vez más fuertes y adictivas como la cocaína y, más tarde, la metanfetamina en cristal. Esta última, afecto su sistema nervioso, acompañado de cambios funcionales y moleculares en el cerebro. Mi hermano ya no era el de antes, casi no dormía, se volvió violento, experimentaba constantes cambios en su estado de ánimo. También empezó a desplegar características psicópatas, alucinaba cosas, tenía paranoia, oía voces y deliraba. No aceptaba ningún tipo de ayuda.

Dentro de sus alucinaciones y delirios, mi hermano se tornó obsesivo conmigo. Las voces que escuchaba le decían que me violara y me matara. Cada día que pasaba se convertía en un verdadero tormento para mí. Justo después de que yo llegaba de la escuela, él llegaba de su trabajo mi mamá y mis otros hermanos llegaban aproximadamente una hora más tarde. Esa hora era eterna. Yo tenía que llegar y preparar los alimentos para cuando todos llegaran a casa, además de cuidar a mis hermanos pequeños que también llegaban de la escuela. Durante ese tiempo mi hermano intentaba de varias maneras lograr dominarme, pero como primero me decía lo que planeaba hacerme, yo ya sabía qué esperar y cómo defenderme. En sus intentos de dominarme, yo salía golpeada y con moretones. Me tenía aterrorizada, vivía una verdadera pesadilla. Además, me amenazaba con hacerles daño a mis hermanitos si le decía a mi mamá.

Un día, me armé de valor y le dije a mi mamá lo que estaba pasando, pero él le dijo que yo mentía, que solo era un berrinche mío, y no pasó nada. Como podrán imaginar, la situación empeoro para mí. Al día siguiente, así me fue: él por poco lograba dominarme y yo por poco le entierro un cuchillo al intentar defenderme. Mi situación se volvió critica, ahora yo también me estaba volviendo paranoica:

casi no lograba dormir por las noches, dormía con un cuchillo debajo de mi almohada. Viví así por dos eternos y apesadumbrados años, y la pesadilla parecía interminable.

Esta adversidad me enseñó a sobrevivir, a ser una guerrera.

Me Llevan a un Albergue de Niños

La vida da muchos giros inesperados. La mía estaba a punto de dar un giro de 360 grados. Estaba iniciando el décimo grado en la preparatoria en McFarland, California, donde vivía en ese entonces. Un día, después de una lucha muy fuerte que tuve con mi hermano, me dio un golpe en el pómulo de mi mejilla derecha. Mi mejilla se tornó en un color rojo violeta. Me resolví ir a la escuela así porque temía que, si me quedaba en casa y mi hermano llegaba temprano del trabajo, tendría más tiempo de ganarme la batalla. Ese día, llegué a mi primera clase, matemáticas, me senté en mi pupitre ladeando mi cabeza hacia a la izquierda dejando que mi cabellera larga y voluminosa cubriera la mitad de mi cara. Mi compañera de al lado, muy observadora, por cierto, notó que me pasaba algo. Como no se lo dije, en un descuido se agacho y logro mirar mi moretón. Por supuesto, le conté una historia que no me creyó.

Finalmente, me convenció de acompañarla a hablar con la consejera escolar.

Llegué a la oficina de la consejera con un nudo en la garganta y en mi estómago, me moría de miedo y temblaba de los nervios. No pensaba decir mucho, pero la consejera, muy tiernamente, empezó a hacerme una serie de preguntas y, sin darme cuenta, comencé a contarle todo lo que me pasaba: solo recuerdo sentir que mis lágrimas corrían por mis mejillas como ríos de agua salada que caían en mi boca. Ya no regresé a clases. De ahí, todo pasó como a la velocidad de un rayo; de repente, me llevan a otro cuarto, donde personas del Departamento de Recursos Humanos (DHS) están esperándome y me hacen un sinfín de preguntas, hacen notas y graban nuestra conversación. En un abrir y cerrar de ojos, ya me están poniendo dentro de un vehículo con una persona desconocida para mí, me informan que no podré regresar a casa porque mi vida corre peligro y que sería transportada a un albergue de niños donde estaría segura. En ese momento, sentí que mi sangre fría bajaba a mis pies; con mi mente y ojos nublados, entré en aquel auto, dejando todo atrás.

Nunca pude agradecer a esa compañera de clase, que ni siquiera supe su nombre, lo mucho que hizo por mi aquel día: sin ella saberlo, me salvó la vida.

Aprendí que los verdaderos héroes no llevan capa y, a veces, ni siquiera un nombre. También aprendí lo que es la valentía, y a dejar los miedos y temores.

En el Albergue de Niños

Una realidad innegable es que la libertad es relativa, no absoluta. Aunque al principio me sentí libre, pronto me di cuenta de que en realidad no lo era. En el albergue, la vida no fue fácil. El albergue parecía una cárcel, lo cercaba una barda alta con alambres de púa, teníamos un horario para todo lo que hacíamos: para ir dormirnos, levantarnos, comer, estudiar, jugar, bañarnos, y hasta para cepillarnos los dientes. Me sentía terriblemente sola, y una gran impotencia embargaba mi alma. Extrañaba a mi familia, extrañaba ir a la escuela como cualquier adolescente normal. Todas las noches, después que todos nos íbamos a dormir, hacían una última revisión por todas las pequeñas habitaciones para asegurarse de que nadie se hubiese escapado.

Lo más difícil para mí fue ver como sufrían otros niños más pequeños. Recuerdo vívidamente el día que llegaron al albergue tres niños que eran hermanitos, el más pequeño todavía usaba pañales y no la pasaba nada bien. La criatura lloraba inconsolablemente, sus hermanitos trataban de ayudarlo sin éxito. Nadie atendía al bebé adecuadamente, apenas le daban su biberón. Este fue un momento decisivo en mi vida: o pasaba mis días abatida y desanimada, viendo como los demás también seguían el mismo sumidero de desilusión o hacia algo al respecto. Le pedí a la trabajadora social que me permitiera cargar al niño y jugar con él y sus hermanitos después de mis clases que terminaban aproximadamente a medio día. Para mi sorpresa, la trabajadora social accedió a mi petición. Me permitió estar con los niños en la mayoría de las tareas diarias del día, excepto las horas que tenía mis clases. Así pues, todos los días me daba a la tarea de buscar al niño después de mis clases y lo cargaba, jugaba con él y sus hermanitos. El infante ya no lloraba como antes, ya estaba más alegre y sus hermanitos también, eso me alegraba mis días.

Una noche de invierno, se desató una fuerte tormenta que tumbó un árbol y este cayó sobre la barda doblando los alambres de púa. ¡Perfecta oportunidad para brincarse la barda!

Después de la última revisión de la noche, mi compañera de cuarto, que era de mi edad, había decidido escaparse y me invitó a escaparme con ella. La oferta fue muy tentadora. Estuve a punto de irme con mi compañera, pero me vino a la mente la carita de ilusión con la que me miraban aquel pequeñito y sus hermanitos cada vez que iba a buscarlos. No pude irme. Mi compañera se fue sola. Felizmente seguí cuidando del niño y sus hermanitos hasta que se fueron del albergue.

Estuve en el albergue alrededor de siete meses, hasta que encontraron a un familiar que aceptó reclamarme.

Dos lecciones para la vida: la felicidad verdadera no es circunstancial, sino que es un sentimiento que sale de nuestro interior, del corazón. Podemos sentir felicidad incluso cuando estamos pasando por tormentas en la vida. La segunda lección, cuando centras tus energías en ayudar a otros, poniendo sus intereses antes que los tuyos, tus problemas dejan de ser tan importantes y los puedes afrontar con éxito.

Me Voy a Vivir con un Medio Hermano

Mudarte de una ciudad a otra ya es de por sí difícil, llegar a vivir con alguien que ni siquiera conoces es una situación enrevesada. El albergue donde estaba localizó a un medio hermano mío que nunca antes había conocido, sabia de su existencia, pero no se había presentado la oportunidad para conocernos. Él fue por mí al albergue. Llegué a vivir con mi medio hermano y su familia a Redwood City, California. Todavía corría el año escolar, así que mi medio hermano me matriculó en la escuela de inmediato. La escuela era enorme, todo era extraño para mí. Como estaba por finalizar el año escolar, yo me sentía perdida en todas mis clases, había perdido bastante de la instrucción académica y me había atrasado mucho durante el tiempo que estuve en el albergue. Sentí un gran alivio cuando me informaron que asistiría a la escuela de verano, eso me permitiría ponerme al corriente académicamente y estar mejor preparada para iniciar mi onceavo año escolar.

Aunque extrañaba a mi familia, había aprendido a sacar lo mejor de cada situación. Me sentía tranquila, las cosas aparentemente marchaban bien. El tiempo voló, y ya era tiempo de regresar a la escuela. Estaba emocionada, aunque un poco nerviosa, de comenzar mi onceavo año escolar, me tocaron excelentes profesores. ¡Por fin sentía un sentido de normalidad! Pero ¡qué lejos estaba de la realidad! No me imaginaba lo que estaba a punto de ocurrir.

Al llegar de la escuela un día, recibí una noticia que me dejo helada y sin palabras. Sin previo aviso, mi medio hermano me dijo que él y su familia habían decidido regresar a vivir a México y, que, por lo tanto, yo debería encontrar un lugar a donde vivir lo antes posible. Aquella noticia, me cayó como un balde de agua fría, fue devastadora para mí: no tenía trabajo, no conocía a nadie y no podía regresar a vivir con mi familia. Sentí que el mundo se me venía abajo. ¿Qué haría sola en lugar desconocido para mí? Nuevamente tenía dos opciones ante mí: lamentarme y darme golpes de pecho o hacer algo al respecto. Decidí hacer algo al respecto.

En la escuela, durante la hora de almuerzo, pregunté a mi compañera de almuerzo si ella conocía lugares donde yo podía aplicar para trabajar después de escuela, y si sabía de alguien que me rentara un cuarto. No sabía cómo lo pagaría, pero pensé que no perdía nada con preguntar. Le conté la situación en que me encontraba y le dije que era urgente encontrar un cuartito para rentar. Se imaginarán mi asombro cuando, al siguiente día, me dijo que había hablado con sus padres y acordaron en dejarme vivir con ellos el tiempo que fuera necesario. Me quede estupefacta. ¡Nunca terminaré de agradecerles!

Inmediatamente, me fui a vivir con, en esa ahora amiga mía y su familia. Como ya había cumplido mis dieciséis años, ya tenía la edad legal para trabajar. Rápidamente puse manos a la obra y empecé a buscar trabajo. Afortunadamente, me contrataron en una joyería para trabajar después de escuela. No fue fácil trabajar e ir a la escuela, tenía que caminar largas distancias pues ahora el lugar donde vivía quedaba lejos de la escuela y no calificaba para el autobús escolar, así que ¡piececitos para que los quiero! Después de mucho esfuerzo, horas sin dormir haciendo tareas, ¡lo logré! Me gradué de la preparatoria en 1999.

Aprendizaje personal: jamás permitir que mis circunstancias determinen mi potencial. Además, aprendí a ser disciplinada y a jamás rendirme. En conclusión, todo ser humano sufre adversidades en un momento de su vida, pero la resiliencia nos permite aguantar, resistir los momentos de crisis. La inteligencia resiliente nos ayuda a vencer y revertir tales adversidades, por lo tanto, suele darse cuando atravesamos dificultades en la vida; es la capacidad que tenemos cada ser humano de superar y recuperarnos de los traumas y adversidades sin importar que tan difícil sea cada situación que afrontamos.

Resilient Intelligence in the Face of Adversities

Leticia Ponce

Over the years, I have seen my family, neighbors, and friends go through great adversity in their lives. It is true, we all go through problems throughout our lives, each one very particular. Perhaps we go through some minor problems and other very strong ones. Sometimes we would like to have the power to go back in time to change the circumstances that led us to suffer a certain adversity.

Life has taught me that it is not beneficial to live in the past and that no problem is eternal. My life has not been easy since childhood: my father abandoned my family when I was only two years old, the same night our house burned down and we were left homeless. We lost all our belongings. I am sure that the adversities that I experienced in my childhood equipped me with the ability to overcome and reverse the adversities that I would face in my adolescence and that over time shaped the person I am today.

Let me tell you about some hardships I faced in my teens and how I managed to overcome them.

My Older Brother Started Using Drugs

The abuse of addictive substances hurts those who consume them, but it also affects those around them. That was the case with my older brother. The drug use affected him greatly, but it also had a direct impact on me. My brother started using marijuana when he was fifteen years old. For five or six years he consumed it without showing noticeable changes in his behavior. Things changed when he began experimenting with increasingly strong and addictive substances such as cocaine and later, crystal methamphetamine. The latter affected his nervous system, accompanied by functional and molecular changes in his brain. My brother was no longer the same as before, he hardly slept, he became violent, and he experienced constant changes in his state of mind. He also began displaying psychopathic characteristics, hallucinating things, becoming paranoid, hearing voices, and delirious. He did not accept any kind of help.

Within his hallucinations and delusions, my brother became obsessed with me. The voices he heard told him to rape and kill me. Each day that passed became a real torment for me. Right after I got home from school, he got home from work. My mom and my other siblings got there about an hour later. That hour was endless. I had to arrive and prepare food for when everyone got home, in addition to taking care of my little brothers who also came home from school. During this time my brother tried in various ways to get control of me. But since he first told me what he planned to do to me, I already knew what to expect and how to defend myself. In his attempts to dominate me, I would come out beaten and bruised. It had me terrified, I lived a true nightmare. Also, he threatened to hurt my little brothers if I told my mom.

One day, I plucked up my courage and told my mom what was happening, but he told her that I was lying, that it was just a tantrum of mine, and nothing happened. As you can imagine, the situation got worse for me. The next day, that's how it went: he almost managed to dominate me and I almost stuck a knife in him trying to defend myself. My situation became critical. Then I was also getting paranoid: I could hardly sleep at night, and I slept with a knife under my pillow. I lived like this for two eternal and sorrowful years, and the nightmare seemed endless.

This adversity taught me to survive and to be a warrior.

They Took Me to a Children's Shelter
Life takes many unexpected turns and mine was about to do a 360-degree turn. I was entering the tenth grade at high school in McFarland, California, where I lived at the time. One day, after a big fight with my brother, he hit me on the cheekbone of my right

cheek. My cheek turned a purple-red color. I made up my mind to go to school like this because I was afraid that if I stayed home and my brother came home from work early, I would have more time to win the battle. That day, I arrived at my first class, math, and sat at my desk tilting my head to the left letting my long, voluminous hair cover half of my face. My classmate sitting next to me was very observant and noticed that something had happened to me. Since I didn't tell her, she crouched down and managed to look at my bruise. Of course, I told her the story but she didn't believe me. Finally, she convinced me to go with her to talk to the school counselor.

I arrived at the counselor's office with a knot in my throat and stomach. I was scared to death and shaking with nerves. I wasn't going to say much, but the counselor, very tenderly, began to ask me a series of questions and without realizing it, I began to tell her everything that was happening to me. I only remember feeling tears running down my cheeks like rivers of salt water that fell into my mouth. I didn't go back to class anymore. From there, everything happened at lightning speed: suddenly they took me to another room, where people from the Department of Human Resources (DHS) were waiting for me and asked me endless questions, made notes, and recorded our conversation. In the blink of an eye, I was already being put inside a vehicle with a person unknown to me who informed me that I would not be able to return home because my life was in danger and that I would be transported to a children's shelter where I would be safe. At that moment, I felt my cold blood drop to my feet, and with my mind and eyes cloudy, I got into that car, leaving everything behind.

I never thanked that classmate, I didn't even know her name. What she did for me that day, without knowing it, saved my life. I learned that true heroes don't wear capes and sometimes don't even have a name. I also learned what courage is and to leave fears behind.

In the Children's Shelter
An undeniable reality is that freedom is relative, not absolute.

Although at first I felt free, I soon realized that I wasn't. In the shelter, life was not easy. The shelter looked like a jail, surrounded by a high fence with barbed wire, and we had a schedule for everything we did: to go to sleep, get up, eat, study, play, bathe, and even brush our teeth. I felt alone and a great impotence seized my soul. I missed my family. I missed going to school like any normal teenager. Every night, after we all went to bed, they did one last check through all the little rooms to make sure no one had escaped.

The most difficult thing for me was to see how other younger children suffered. I vividly remember the day three children who were little brothers arrived at the shelter, the youngest was still wearing diapers and was not having a good time. The baby cried inconsolably and his tiny brothers tried to help him without success. No one cared for the baby properly; they barely gave him his bottle. This was a defining moment in my life: either I would spend my days dejected and discouraged, watching others follow the same sinkhole of disappointment, or I would do something about it. I asked the social worker to allow me to hold the child and play with him and his siblings after my classes ended at about noon. To my surprise, the social worker agreed to my request. It allowed me to be with the children for most of the daily tasks, except for the hours that I had my classes. So, every day I gave myself the task of looking for the child after my classes and I carried him and played with him and his brothers. The baby no longer cried as before. He was already happier and his brothers, too, which made my days happier.

One winter night, a strong storm broke out, and a tree fell over the fence, bending the barbed wires. Perfect opportunity to jump the fence! After the last checkup of the night, my roommate, who was my age, had decided to run away and invited me to run away with her. The offer was very tempting. I was about to leave with my roommate, but the little face of the little boy and his brothers came to my mind. I couldn't leave. My roommate left alone. Happily, I continued to take care of the boy and his siblings until they left the shelter.

I was in the shelter for about seven months, until they found a relative who agreed to claim me.

Two lessons for life. The first lesson is that true happiness is not circumstantial, but rather a feeling that comes from within, from the heart. We can feel happy even when we are going through storms in life. The second lesson is that when you focus your energies on helping others, putting their interests before yours, your problems stop being so important and you can face them successfully.

I Went to Live with a Half-Brother

Moving from one city to another is already difficult, and going to live with someone you don't even know is a complicated situation. The shelter where I was housed located a half-brother of mine that I had never met before. I knew of his existence, but we'd never met. He came to the shelter for me. I went to live with my half-brother and his family in Redwood City, California. The school year was still running, so my half-brother enrolled me in the school right away. The school was huge and everything was strange to me. As the school year was coming to an end, I felt lost in all my classes, I had missed a lot of academic instruction, and I had fallen far behind during my time at the shelter. I was relieved when I was told that I would be attending summer school, which would allow me to catch up academically and be better prepared to start eleventh grade.

Although I missed my family, I learned to make the best of every situation. I felt calm and things were going well. Time flew by, and it was time to go back to school. I was excited, if a little nervous, to start eleventh grade. I had great teachers. I finally felt a sense of normalcy! But how far from reality this was! I had no idea what was about to happen.

Coming home from school one day, I received news that left me frozen and speechless. Without notice, my half-brother told me that he and his family had decided to return to live in Mexico and, therefore, that I should find a place to live as soon as possible. That news hit me like a bucket of cold water. It was devastating for me: I had no job, I didn't know anyone, and I couldn't return to live with my family. I felt like the world was falling apart. What would I do alone in a place unknown to me? Once again, I had two options before me: lament and beat my chest or do something about it. I decided to do something about it.

At school during lunchtime, I asked my lunch partner if she knew of places where I could apply to work after school, and if she knew of anyone who would rent me a room. I didn't know how I would pay for it, but I thought there was nothing to lose by asking. I told her about the situation I was in and told her that I needed to find a little room to rent. You can imagine my astonishment when, the next day, she told me that she had spoken with her parents and they agreed to let me live with them for as long as necessary. I was stunned. I will never stop thanking them!

I went to live with my new friend and her family. Since I was already sixteen, I was of legal working age. I quickly got to work and started looking for a job. Fortunately, I was hired at a jewelry store to work after school. It was not easy to work and go to school. I had to walk long distances because now the place where I lived was far from the school but I did not qualify for the school bus, so how I loved my little feet! After a lot of effort, and sleepless hours doing homework, I did it! I graduated from high school in 1999.

I learned to never let my circumstances determine my potential. Also, I learned to be disciplined and never give up.

In conclusion, every human being suffers adversity at some point in their life, but resilience allows us to endure and resist moments of crisis. Resilient intelligence helps us overcome and reverse such adversities and it is usually discovered when we go through difficulties in life. Each human being can overcome and recover from traumas and adversities no matter how difficult each situation is.

¿Pa' donde voy?

Ruby Medrano

¿Te ha pasado que hay partes de tu vida que no recuerdas? Fuera como si no existieran. Como si fuera un sueño o peor aún, como que te robaron ese tiempo de tu mente para no descubrir la realidad. ¿Quién soy yo realmente?

Mi Origen

Jesus Villegas de veinte años y Jovita Garza de diecinueve años eran dos jovencitos que se conocieron en un campo de agricultura y decidieron unir sus vidas y empezar una familia propia. Después de unos meses, como consecuencia, esperan felizmente, la llegada de una niña. Ruby Villegas nacida el 2 de Mayo de 1984. Conforme va pasando el tiempo tienen tres hijos más.

Mis Principios

Mi nombre es Ruby Villegas. Durante mis primeros cinco años de vida dominaba el español. Durante este tiempo fui expuesta al inglés por medio de la televisión principalmente.

Recuerdo un sucesos que viví durante mi año en el kinder. Traigo a la memoria que mi maestra, era una señora mayor que era muy estricta, se enojaba mucho y siempre me hacía sentir mal. Un día, la maestra nos pidió formarnos y debía ser en orden de apellido alfabético. Ya tenía mucho tiempo yendo a la escuela y siempre debíamos formarnos de esa manera. Ese día tenía curiosidad y le hice una pregunta. "Maestra, ¿cuándo va a cambiar el orden en que nos formamos en fila?"

Mi maestra me echa una mirada tan espantosa. Caminó hacia mí, me tomó de la muñeca y me la apretó fuerte y me pellizcó levemente con sus uñas. Me miró a los ojos muy molesta y me dijo, "¡Tú nunca vas a ser primera en fila! ¡Tú siempre estarás al final!" Me aventó la mano para soltarla y se fue al frente para guiar la fila a su destino.

Recuerdo que me puse a llorar en silencio y sentí que mi corazón me dolía mucho. Desde ese momento preferí guardarme mis curiosidades y no me atrevía a hacer preguntas. De ese año, no recuerdo más. Yo pienso que como yo era la única niña hispana en su clase, ella no aprobaba mi presencia y mucho menos mis preguntas.

Durante todos mis años de escuela, el idioma principal fue el inglés. En mi casa con mis padres hablaba español pero con mis hermanos solamente hablaba inglés. A la edad de trece años por circunstancias de la vida nos vimos en la necesidad de mudarnos de Washington a Oregon. Fue un cambio muy difícil y extremadamente doloroso para mi. Me vi obligada a tomar una decisión y decidí que iba a "controlar" mi vida.

En la escuela secundaria, mis amigos eran principalmente mexicanos. En Washington mis amigos solamente eran anglosajones. Mi postura ante la gente, era de una chica difícil. Aunque la mayoría de mis amigos eran latinos, hablábamos ambos idiomas con igualdad, realmente, yo no sentía que pertenecía a ese grupo.

A la edad de dieciséis años, una vez más nos tuvimos que mudar de ciudad. Mi papá me llevó a registrar a la preparatoria de Oregon City. El director no me veía con agrado. Él le dijo a mi papá que yo nunca me recibiría de la preparatoria porque estaba muy atrasada en mis materias. El director me negó la entrada por lo cual tuve que sacar mi GED antes de cumplir diecisiete años. Fue a partir de este momento que me di cuenta que aunque yo no sentía dónde pertenecía, realmente, los anglosajones tampoco me aceptaban del todo.

Un Futuro Prometedor

A la edad de dieciocho años decidí casarme. Mi marido me impulsó a buscar empleo en el distrito escolar de mi ciudad. Gracias a Dios primeramente me contrataron. Al cabo de doce años trabajando de asistente empecé una nueva jornada, retomar mis estudios para convertirme en maestra bilingüe. Cada año desde entonces he tomado algunas clases para llegar a mi meta.

Tomar un curso universitario de español para estudiantes de lenguas de herencia no ha cambiado mi actitud o perspectiva hacia mi lengua de herencia, pero si me ha abierto los ojos para hacer lo posible en educarme en ambas culturas. Para mi, es necesario poder sentirme verdaderamente bilingüe y para ello debo estudiar mis raíces mexicanas/japonesas/latinas e investigar los lazos familiares que tengo. Solamente puedo enseñar lo que yo he vivido. Solamente si me aferro a mi herencia cultural, podré pasar esta herencia a mi hijo. De esa manera, mi hijo también tendrá una herencia que pasar.

Where Am I Going?

Ruby Medrano

It has happened to you that there were parts of your life that you didn't remember. It was as if the experiences didn't really exist, as if it were all a dream or worse, and that time was stolen from your mind so that you couldn't discover the truth. Who am I, really?

My origin

Jesus Villegas was twenty years old and Jovita Garza was nineteen years old. They were two young adults who met in an agricultural field and decided to link their lives and start their own family. After a few months, as fate would have it, they happily awaited the arrival of their baby girl. Ruby Villegas was born on May 2, 1984. As time passed, they had three more children.

My principles

My name is Ruby Villegas. During the first five years of my life, I was fluent in Spanish. During this time I was exposed to English, mainly through television.

I remember an event that took place during my kindergarten year. I remember my teacher, who was old and very strict, and she got mad a lot and always made me feel bad. One day, this teacher asked us to line up and we had to be in alphabetical order based on our names. I had been going to school for a long time and we always had to line up in this way. This day I was curious and asked her, "Teacher, when will we change the order of how we line up?"

My teacher gave me a scary look. She walked up to me and took my wrist and squeezed it hard so that it pinched me with her fingernails and looked at me with upset eyes and said, "You will never be the first in line! You will always be at the end!" She threw back my hand to release me and went to the front to lead the line. I remember that I started to cry silently, and I felt hurt in my heart. After that moment,

I kept my curiosity to myself and didn't dare ask questions. I don't remember anything more that year. I think that since I was the only Hispanic girl in her class, she did not approve of my presence, much less my questions.

During all my years in school, my main language was English. At home with my parents, I spoke Spanish, but even with my brothers, I spoke only English.

At age thirteen, due to life circumstances, we moved from Washington to Oregon. It was a very difficult change and extremely painful for me because I was forced to make a decision, and I decided that I was going to control my life.

In Washington, my friends were only Anglo-Saxons. In my Oregon high school, my friends were mostly Mexican. Even though most of my friends were Latino, I didn't feel like I belonged. People around me thought I was a difficult girl. Really, we spoke both languages equally.

At sixteen, my family once again had to move to another city. My father took me to register at Oregon City High School. The principal didn't like me. He told my dad that they would not admit me into high school because I was so far behind in my studies. The principal denied my entrance, so I had to get my GED before my seventeenth birthday. From that moment on I realized that although I didn't feel that I belonged with the Anglo-Saxons, they also didn't accept me either.

My promising future

At eighteen, I decided to get married. My husband encouraged me to look for a job in my city's school district. Thank God they hired me right away. After twelve years of working as an assistant, I started a new journey: to become a bilingual teacher. Every year since then I have taken a few classes to reach my goal.

Taking a college class in Spanish for heritage language students has not changed my attitude or perspective toward my heritage language, but it has opened my eyes to do my best to educate myself in both cultures. For me, it is necessary to feel truly bilingual, and to do so I must study my Mexican/ Japanese/Latino roots and investigate family ties. I can only teach that which I have lived. Only by holding onto my cultural heritage will I be able to pass this heritage on to my son. In this way, my son will also have his heritage to pass on.

Tres de Mis Mil Batallas

Lezzie Frias Zavala

Mucha gente dice que entre más mayor es uno más maduro se hace. Yo tengo veintidós Años y mucha gente me dice que soy muy madura para tener mi edad y que piensan que tengo veintisiete o veintiocho años. En este mundo hay mucha gente que por los golpes de la vida maduran más rápido por todas las cosas que van pasando en su vida.

Yo a los trece años tuve que aprender a vivir sin mis padres. Me salí de casa, dejé de vivir con mis papás, la razón se debió a que ellos eran muy crueles conmigo, sufría muchos maltratos y me subestimaban mucho decían que no iba a hacer nadie en la vida y que iba a ser una decepción. Hubo un tiempo en que yo tuve dos trabajos al mismo tiempo para pagar mis estudios y para que me alcanzara para cubrir mis gastos.

Mi jornada de trabajo empezaba a las 8 AM-6 PM en Dairy Queen, luego iba a mi clase de 6:30 PM-8 PM, después me iba a mi trabajo de noche que era de custodio en Chemeketa Coomunity College de 10 PM-3 AM. Era muy agotador estar haciendo todo eso, pero el que yo continuara mis estudios, hacía que valga la pena. Pero lo que más se me quedó grabado en mi mente fueron unas palabras que me dijo mi padre: "¡Te dije que nunca ibas a ser nadie! ¡Mira donde acabaste limpiando baños como tu abuela!" Después de esto me hice más fuerte y quise seguir buscando un trabajo que me gustara y me pagaran bien, pero fue difícil porque fue en tiempos de Covid.

Otra experiencia difícil que tuve fue que yo nunca tuve un "Hogar" yo desde que tenía los trece años nunca he tenido un solo hogar. Yo dormía de casa en casa, dormía en sofás, en colchones, en el piso, en garajes y en literas. Hay un dicho que dice "Un niño de casa hogar carga toda su vida en bolsas de basura". Me identifiqué mucho con esto porque cada vez que me iba de una casa, empacaba mis cosas en bolsas de basura. De esto, yo agarré más fortaleza y con mucho trabajo y esfuerzo yo luchaba para poder comprar mis cositas y juntar dinero para un hogar verdadero.

La tercera experiencia difícil que enfrenté fue la confianza, como en mi niñez y mis años de secundaria mis padres no me dejaban salir o convivir con mucha gente. Yo nunca aprendí cosas como en quién se debe confiar, yo siempre creía que toda la gente era buena o quería lo mejor para mí porque yo no salía ni conocía a nadie. Y me encontré sola por los varios errores que cometí al confiar en la gente que no debía hacerlo. Esas personas me dieron la espalda, se pusieron contra mí o mentían de la manera más cruel. Cuando yo les di todo mi apoyo incondicional y era la persona más leal. Con esto aprendí a no confiar en la gente con tanta facilidad y a ser más cuidadosa y saber que no todas las personas son igual de amables y honestas como yo.

Three of My Thousand Battles

Lezzie Frias Zavala

Many people say that the older one is, the more mature one becomes. I am twenty-two years old and many people tell me that I am too mature to be my age and that they think I am twenty-seven or twenty-eight years old. In this world there are many people who, due to the blows of life, mature faster because of all the things that happen to them.

When I was thirteen years old, I had to learn to live without my parents. I left home and stopped living with my parents because they were very cruel to me. I suffered a lot of abuse and they underestimated me a lot. They said that I was not going to do anything in life and that I was going to be a disappointment. There was a time when I had two jobs at the same time to pay for my studies and have enough to cover my expenses.

My work day started at eight o'clock at Dairy Queen. After that ended at six o'clock, I would go to my class from six thirty to eight thirty. Then I would go to my night job as a custodian at Chemeketa Community College from ten o'clock to three o'clock. It was very exhausting to do all that, but the fact that I continued my studies made it worth it. And what stuck in my mind the most were some words my father said to me: "I told you that you were never going to be anyone! Look where you ended up, cleaning toilets like your grandmother!" This made me much stronger and I wanted to continue looking for a job that I liked and that paid me well, but it was difficult because it was during Covid.

Another difficult experience that I had was that I haven't had a "home" from the time I was thirteen years old. I have never had a single home. I went from house to house, I slept on sofas, on mattresses, on the floor, in garages, and in bunk beds. There is a saying that "a child from a shelter carries their whole life in garbage bags." I identified a lot with this because every time I left a house, I would pack my things in garbage bags. From this, I gained more strength and with a lot of work and effort, I struggled to be able to buy my little things and raise money for a real home.

The third difficult experience I faced was trusting people because, in my childhood and high school years, my parents did not let me go out or hang out with many people. I never learned things like who should be trusted. I believed that all people were good or wanted the best for me because I didn't go out or meet anyone. And I found myself alone because of the various mistakes I made in trusting people I shouldn't have. Those people turned their backs on me, turned against me, or lied in the cruelest way, even when I gave them all my unconditional support and was the most loyal person. With this, I learned not to trust people so easily and to be more careful and know that not all people are as kind and honest as me.

Tres Experiencias

Anónimo

Con el pasar el tiempo cada día me doy cuenta de que nada era tan fácil como creía cuando era más chica. Siempre pensé que a mis dieciocho años ya estaría viviendo sola y tendría todo resuelto, pero no fue así. Cuando empecé la preparatoria no lo tomé como un cambio divertido, así como la mayoría, me costó mucho trabajo acoplarme y casi nunca iba a clases. Mi comportamiento era algo "rebelde" como dice mi mamá y eso causó algunos problemas. Al final, me pusieron a prueba porque mi asistencia era muy irregular y eso me hizo reflexionar un poco en que debía de mejorar como estudiante y también como hija. Aprendí que no solamente tenía que ser responsable con mis tareas si no también asistir a mis clases.

Por un tiempo, he asistido a terapia para mejorar mi actitud y esta ha sido una experiencia muy difícil para mí. He tenido que hacer varios cambios en mi comportamiento y practicar varias técnicas para controlar mi enojo, además he aprendido a reaccionar mejor en situaciones difíciles o en cambios, por más pequeños que sean. Por mucho tiempo me costó mucho trabajo aprender a controlar mis emociones, yo casi siempre soy muy impulsiva y eso me causo algunos problemas con mis amigos e incluso en la escuela. Demasiado estrés acumulado al terminar la preparatoria me asfixió y decidí no continuar asistiendo a la escuela. Casi todo un año estuve pensando en que quería hacer y mi terapeuta fue de gran ayuda, ella me ayudó a tener el valor de querer volver a estudiar.

Hablar de este tema es muy difícil para mí, sin embargo, sigo superándome poco a poco. Cuando yo era más chica no tomé buenas decisiones y eso me trajo consecuencias a lo largo del tiempo. Mis padres peleaban mucho y yo me sentía frustrada, al ser la hermana mayor, esta situación me generaba mucho estrés porque yo cuidaba a mi hermana, además de estudiar y ayudar en la casa. No entiendo el porqué, pero en ese momento, yo creí que me sentiría mejor si empezaba a tomar o fumar con mis amigos. Al principio lo sentía como un gran alivio y después me fui dando cuenta de que en realidad solo me estaba causando daño a mí y a mi familia, especialmente, a mi mamá y mi hermana. Me tomó un largo tiempo desintoxicarme, fue algo que me costó mucho trabajo, pero valió la pena, decidí enfocarme en tener una vida más sana y empecé a asistir al gimnasio. Hacer un cambio así fue lo mejor que pude haber hecho, ahora me siento mucho más feliz y mucho más sana y trato de ser mejor cada día.

En conclusión, puedo decir que todavía me falta mucho por aprender, ojalá que en el futuro tenga muchas más experiencias. Tal vez debí haber vivido un poco más como adolescente y no llevar una vida tan estricta, a lo mejor eso fue parte de la razón por la que me sentía tan estresada. Hasta ahora trato de tener todo en orden, no salgo demasiado y es algo por lo que discuto mucho con mi mamá, pero desde mi punto de vista, creo que es mejor cumplir primero con mis responsabilidades. Me gustaría ser un poco menos dura conmigo misma y salir como el resto de mis amigas, mi rutina es demasiado estricta y un día quisiera tener un poco de diversión y dejar de preocuparme tanto.

Three Experiences

Anonymous

As time passes each day, I realize that nothing was as easy as I thought it would be when I was younger. I always thought that when I turned eighteen, I would already be living alone and have everything figured out. But it wasn't like that. When I started high school, I didn't take it as a fun change. So like most, it cost me a lot to fit in and I almost never went to classes. My behavior was somewhat "rebellious" according to my mom and that caused some problems. In the end, I was put on probation because my attendance was very irregular and that made me reflect a little on how I should improve as a student and also as a daughter. I learned that I not only had to be responsible for my homework but also attend my classes.

For a while, I went to a therapy to improve my attitude, and this was a very difficult experience for me. I have had to make several changes in my behavior and practice various techniques to control my anger, also I had to learn how to react better in difficult situations or to changes, however small they may be. For a long time it was very hard for me to control my emotions. I almost always am very impulsive and this has caused me many problems with my friends and also at school. So much stress accumulated at the end of high school that suffocated me and I decided not to continue attending school. For almost a whole year I was thinking about what I wanted to do and my therapist was a great help. She helped me have the courage to want to go back to school.

Talking about this topic is very difficult for me, however, I keep overcoming this little by little. When I was younger, I didn't make good decision and that brought me consequences over time. My parents fought a lot and I felt frustrated. As the oldest sister, this situation caused me a lot of stress because I took care of my sister, as well as studying and helping around the house. I don't understand why, but at that moment I thought I would feel better if I started drinking or smoking with my friends. At first it felt like a great relief and then I realized that in reality it was only causing harm to me and my family, especially my mother and my sister. It took me a long time to detox and it took a lot of work but it was worth it. I decided to focus on having a healthier life and I started going to the gym. Making this change was the best think I could have done, now I feel much happier and much healthier, and I try to be better every day.

In conclusion, I can say that I still have a lot to learn and hopefully in the future I will have many more experiences. Maybe I should have lived a little longer as a teenager before arriving at this strict life, maybe that was part of the reason I felt so stressed. Up until now I have tried to have everything in order, I don't go out too much, and this is something I argue about a lot with my mom. But from my point of view, I think it's better to fulfill my responsibilities first. I would like to be a little less hard on myself and go out like the rest of my friends. My routine is too strict and one day I would like to have a little more fun and stop worrying so much.

Las Experiencias de una Mujer Bisexual en una Comunidad Machista y Homofóbica

Elizabeth Rodriguez

Mi nombre es Elizabeth Rodríguez, nunca me ha gustado hablar sobre mí misma y mucho menos compartir sobre lo que he vivido. Por eso ignoré precisamente esta tarea hasta ahorita. La verdad que no sabía de qué hablar que no fuera triste. Hasta que me senté y me dije a mi misma que no podía seguir escondiéndome por miedo, así que aquí estaré hablando de cómo decidí decirle a mi familia homofóbica que soy bisexual, mi temor de seguir viviendo y la pérdida de mi abuelo.

Desde pequeña supe que no era como las mujeres mexicanas con las que crecí, no sé cómo describirlo solo lo sabía. La primera vez que dudé de mi sexualidad tenía once años y no entendía por qué quería estar alrededor de mi mejor amiga todo el tiempo, por qué me gustaba su cara, su vestuario y su personalidad. No sabía con quién podía hablar sobre el tema porque siempre escuchaba a mi familia hablar mal sobre la comunidad homosexual, "Son jotos y me dan asco," era algo que escuchaba a mis tíos decir a diario. Aunque algunos de mis tíos eran homosexuales y transexuales, en mi familia no había apoyo a la comunidad LGBTQ+.

Me acuerdo cuánto adoraba estar con mi tío Ángel. Ángel era homosexual y toda mi familia lo sabía, aunque él nunca quería hablar sobre el tema. Cuando era niña, veía a mi tío Ángel como mi héroe porque se vestía como él quería y nunca le importaron los comentarios de la familia. Gracias a él aprendí que podía ser quien soy sin que importe lo que diga mi familia u otra gente. A los diecinueve años, le confesé a mi madre que era bisexual y, asombrosamente, lo tomó muy bien. Aunque unos meses después escuché que una de sus amigas dijo: "La comunidad LGBTQ+ son una vergüenza para Dios y para el mundo entero," y vi a mi madre asentir como estando de acuerdo. Nunca le pregunté por qué estuvo de acuerdo, porque la verdad que no estaba lista para escuchar su respuesta. La mayoría de mi familia no sabe que soy bisexual, pero sé que se lo imaginan. Si me preguntan algún día, estoy lista para decir la verdad sin vergüenza y temor porque me encanta quien soy y no tengo por qué seguir escondiéndome.

Por otro lado, la depresión y la ansiedad han sido parte de mi vida todo el tiempo. Desde los doce años recuerdo tener muy baja autoestima. Empecé a vivir acoso en la escuela secundaria debido al acné que tenía en mi cara. Me decían "zit face" todos los días y se burlaban de lo flaca que era, por eso odiaba ir a la escuela. Pedía ayuda a mis maestras, pero me ignoraban. No sabía con quién hablar y empecé a tener intentos de suicidio, desde los doce años a los diecinueve años atenté contra mi vida en varios intentos fallidos. La última vez que lo hice y fallé, me di cuenta de que por alguna razón seguía viva, por alguna razón seguía fallando, así que decidí dejar de hacerme daño y ha sido una de las mejores decisiones que he tomado. Desde entonces vivo una vida muy feliz con amigos que adoro con todo mi corazón y una sobrina que es la alegría de mi casa.

El 26 de septiembre de 2020 fue el peor día de mi vida, fue el día que falleció el hombre que más he amado, mi abuelito Jorge Sánchez, alias Don Kicho. "Falleció mi padre", fue lo primero que escuché la mañana del 26 de septiembre al despertarme. Sentí que mi cuerpo se derritió y cayó al suelo. Me odié a mí misma por nunca haber ido a verlo, la última vez que vi a mi abuelo fue cuando tenía tres años y mis padres me trajeron a los Estados Unidos desde México. Yo tengo DACA (Acción Diferida para los Llegados en la Infancia) y podía salir a México en el 2019, sin embargo, en ese momento me daba mucho miedo salir, aún no sé por qué. Después de darme cuenta de que había fallecido mi abuelo, estaba furiosa conmigo misma, pero más con el gobierno estadounidense por lo injusto que ha sido con la comunidad indocumentada. Estaba molesta conmigo por no haber aprovechado ir a México en el 2019, cuando aún seguía vivo mi abuelo. Vi su entierro por videochat en el teléfono y fue algo que me partió el corazón. Ni ir a su funeral pude ir, por estar limitada en un país custodiado por fronteras. Cuando hablaba con mi abuelo siempre me decía que perdiera el miedo, que debía dejar de importarme lo que diga la gente y viviera mi vida como yo quisiera. ¿Por qué me decía eso?, la verdad que no lo sé pero tenía mucha razón. Después que falleció me dije a mi misma que tenía que dejar de tenerle miedo a todo, fue una promesa que hice en honor a él. A los pocos meses, me dediqué a aprender a manejar, aunque tenía un temor enorme a manejar un carro; regresé a pintar cuadros y venderlos, aunque antes no me gustaba compartir el arte que hacía. Perdí a mi abuelo, pero al mismo tiempo encontré la forma de vivir mi vida sin temor.

Ser uno mismo sin importar lo que diga la gente es lo mejor que puede hacer un ser humano. Muchas veces nos preguntamos, "¿qué va a decir la gente?", cuando deberíamos decirnos, "¡qué importa lo que digan, yo así soy feliz!". Disfruta de tu vida porque solo hay una y nunca se sabe cuando llegue tu tiempo de irte para siempre.

The Experiences of a Bisexual Woman in a Macho and Homophobic Community

Elizabeth Rodriguez

Hello, my name is Elizabeth Rodriguez and I have never liked to talk about myself, much less share what I have experienced. The truth is, I didn't know how to talk about this without being sad. Until I sat down and told myself I couldn't keep hiding out of fear. Here I will be talking about how I decided to tell my homophobic family that I am bisexual, my fear of continuing to live, and of the loss of my grandfather.

From a young age, I knew that I was not like the Mexican women that I grew up around. I didn't know how to describe it, I just knew. The first time I doubted my sexuality I was eleven years old. I didn't know why I wanted to be around my best friend all the time because I liked her face, her clothes, and her personality. I didn't know who I could talk to because I always heard my family talk badly about the gay community. "They're jotos and they disgust me" was what I heard my uncles say every day. Although some of my uncles were gay and trans, my family has not always been supportive of the LGBTQ+ community. I remember how much I loved being with my Uncle Angel. Angel was gay and my whole family knew it, although he never wanted to talk about it. As a child, I saw Angel as my hero because he dressed as he wanted and he never cared about the comments of the family. From him I learned that I could be who I am no matter what my family or other people said. At the age of nineteen, I confessed to my mother and she took it surprisingly well. Although a few months later, I heard one of her friends say that "the LGBTQ+ community is an embarrassment to God and the whole world" and I saw my mother nod in agreement. I never asked her why she agreed because, truthfully, I was not ready to hear her response. The majority of my family doesn't know I am bisexual, but I know they think I am. If they ask me someday, I am ready to tell the truth without shame and fear because I love who I am and I don't have to keep hiding.

Depression and anxiety have been a part of my life all along. From the age of twelve, I remember having poor self-esteem. I started experiencing bullying in high school because of the acne I had on my face. They called me "zit face" every day and made fun of how skinny I was. I hated going to school because of this. I asked my teachers for help, but they ignored me. I didn't know who to talk to and started having thoughts of suicide. Between the ages of twelve and nineteen, I tried to take my life several times and failed. The last time that I did this and failed I realized that there was a reason that I was still alive. There was a reason I kept failing at my attempts, so I decided to stop hurting myself. And this has been one of the best decisions I have ever made. Since then, I live my life with happiness, friends that I adore with all my heart, and my niece who is the joy of my house.

September 26, 2020, was the worst day of my life. That day the man that I loved most passed away, my grandfather, Jorge Sanchez, often called Don Kicho. "My father passed away" was the first thing I heard when I awoke on the morning of September 26. I felt my body melt and fall to the floor. I hated myself for not having gone to see him since I was three. The last time I saw my grandfather was when I was three years old, and before my parents brought me to the United States from Mexico. I have DACA [status] and could have gone to Mexico in 2019, but I was afraid to go and I didn't know why. After realizing that my grandfather had passed, I was furious with myself, and more so with the United States government for how unfair it has been for the undocumented community. I was upset with myself for not taking advantage of traveling to Mexico in 2019 when my grandfather was still alive. I saw his funeral via video chat on the telephone and it was something that broke my heart. I could not cross the border to the country of the funeral. When I talked to my grandfather, he always told me to let go of my fear, stop caring what people say, and live my life as I want. Why did he tell me that? The truth is I really don't know, but he was so right. After he passed away, I told myself to let go of my fears. It was a promise I made to honor him. After a few months, I dedicated myself to teaching myself to drive even though I had a huge fear of driving a car. I went back to painting pictures and selling them even though I never really liked sharing my artwork. I lost my grandfather, but at the same time, I found a new way to live my life without fear.

Being yourself without worrying about what others say is the best way to be human. Many times, we ask ourselves, "what are people going to say?" when we should be telling ourselves, "what does it matter what they say, I'm happy like this!" Enjoy your life because you only have one and you never know when your time comes to leave forever.

Las Hormonas Nos Volvieron Locas

Cielo Alvarado Cervantes

Durante toda mi adolescencia mi mamá me decía que estaba harta de mis hormonas. Cuando expresaba humores que no eran felices, culpaba a mis hormonas. Cada vez que le respondía con un grito, era por mis hormonas. O cuando lloraba sin control, eran las hormonas las que me tenían como loca. Les comentaba a mis doctores, que mis hormonas eran insoportables, que, si había algo que pudiera hacer para regularlas, o preguntaba que cuándo iban a parar de ser tan insoportables. Se estaba volviendo completamente loca. Entonces yo también pensé que la causa eran mis hormonas y en efecto, mi sensibilidad era resultado de mi pubertad.

Cuando entré a la secundaria fue la época más desastrosa de mi vida. Mi mamá me llamaba antisocial, porque no me llamaba la atención salir. Prefería estar sola, era una niña tímida y dócil. Así que cuando empecé a tomar interés en salir con mis amigos, lo vi como algo bueno. Pero cuando mi mamá lo notó, me preguntó qué bicho me había picado. Mis hormonas me tenían loca otra vez, una niña de catorce años no puede salir cuando le plazca sin un adulto. Así que, cuando teníamos discusiones de que yo quería tener amigos y salir, siempre me recordaba que mis hormonas eran desastrosas.

Por mi parte, yo sabía sobre temas como ansiedad social y depresión, pero siempre pensé que ese tipo de situaciones solo le sucede a la gente con traumas significativos. Ahora sé que pueden ser causados por varias situaciones y desarrollarse sin ser notados.

Al entrar a la preparatoria, empecé a encontrarme conmigo misma. Descubrí la forma en que quería vestirme, los amigos que me caían bien y las actividades que me llamaban la atención. Mi mamá me repetía lo cansada que estaba de las hormonas locas que me motivaban a escuchar esa música ridícula, o a usar ese vestido feo. Esto provocó muchas dudas en mí y en mis intereses, pensaba que tal vez lo que me ocurría era producto solo de las hormonas ridículas. Para entonces, la relación con mi madre era muy cambiante, algunos días mejores amigas, otros días enemigas. Empecé a aislarme más y más a medida que avanzaba el año, al sentir que mis hormonas me causaban demasiadas emociones difíciles de contener. Así que en mi mente de dieciséis años preferí retener mis sentimientos, en vez de hablarlos con un adulto o alguien que no me dijera que tenía un monstruo de hormonas bajo mi cama. Pero esa es la cosa difícil de ser un adolescente, estás convencido que sabes todo, sin cuestionamientos y cuando pasa la adolescencia seguimos con esa mentalidad de que el mundo termina en los límites de nuestro conocimiento.

Entonces, empezó la cuarentena por COVID-19 y me aislé más que antes. Me causó tantas emociones que me sentía una persona disfuncional. Tenía miedo, me sentía sola y me sentía como una adolescente hormonal que solo podía dormir y llorar. Dejé de ser una estudiante puntual y de darle importancia a las clases, la escuela me resultaba patética y descuidé mis estudios. Me sentía como la adolescente más dramática que existía y mi mamá pensaba igual. Como siempre puse la responsabilidad en mis hormonas, sin preguntarme por un segundo, sí me sentía bien emocional y mentalmente.

Al vivir estas experiencias aprendí que mis hormonas de adolescente no son la causa de que tenga emociones tan fuertes. Aunque en momentos los papás crean que la adolescencia es la causa de que los hijos actúen diferente, no siempre es el caso. Yo entendí que tengo y tuve problemas relacionados con depresión y ansiedad social. Es importante escuchar a los hijos y brindarles apoyo, aunque sea algo difícil de entender o parezca anormal.

Hormones Made Us Crazy

Cielo Alvarado Cervantes

Throughout my adolescence, my mom told me that she was fed up with my hormones. When I was moody, she blamed it on my hormones. Every time I yelled back at her, it was my hormones. Or when I cried uncontrollably, it was the hormones that drove me crazy. My mom told my doctors that my hormones were unbearable. She asked when they were going to stop being so insufferable and if there was anything she could do to reduce them. My hormones were driving her completely crazy. So I also thought it was just my hormones and that my sensitivity was the result of puberty.

High school was the most disastrous time in my life. My mom called me antisocial because I didn't want to go out. I preferred to be alone. I was a shy and timid girl. So when I started wanting to hang out with friends, I saw this as a good thing. But my mom noticed this and asked what had gotten into me. Her questioning made me go crazy, but I thought it was my hormones. After all, a fourteen-year-old girl can't go out whenever she pleases. When we argued about friends or going out, my mom always reminded me that my hormones were the problem. I had heard about things like social anxiety and depression, but I always thought that kind of thing happens only to people with significant trauma. Now I know that many things can cause anxiety and depression, yet often go unnoticed.

When I started high school I began to find myself, and understand the ways I wanted to dress, the friends I liked, and the activities that interested me. My mom would tell me how tired she was of my crazy hormones that caused me to listen to ridiculous music or wear an ugly dress. This caused me to doubt myself and my interests, and I thought maybe it was just my crazy hormones. By then our relationship was volatile, some days best friends and others enemies. I started to isolate myself more and more as the year progressed, thinking that my hormones caused too many difficult emotions. In my sixteen-year-old mind, I preferred to keep my feelings to myself instead of sharing them with an adult, especially with someone who told me I had a hormone monster under my bed. And that's the hard thing about being a teenager: I thought I knew everything, no questions asked. Even when adolescence passes, that mindset continues. And that mentality that stops the world also stops knowledge.

Then the COVID quarantine started, and I isolated myself even more than before. This caused me so many emotions that were very dysfunctional. I was scared, I felt alone, and I felt like a hormonal teenager who could only sleep and cry. I stopped being a punctual student who put importance on classes. I neglected my studies. I felt pathetic and like the most dramatic teenager in existence. And my mom thought the same. As always, I blamed my hormones, without wondering for a second if I was okay emotionally and mentally.

Living through these experiences, I now know that my adolescent hormones were not the cause of my strong emotions. Although at times parents believe that adolescence is the cause of negative behavior, this is not always the case. I have learned that I have problems related to depression and social anxiety. I also know it's important to listen to children and give them support, even when their behavior is difficult to understand or does not align with norms.

¿Mi Persona Favorita?

Fran

No sé cómo empezar este escrito. No tengo una persona favorita que su lengua nativa sea el español. La única opción que tengo soy yo misma. Nací en Silverton, Oregón el diecinueve de junio de 1999, en el Hospital Silverton Hospital. Soy la única de mi familia que nació en el verano, los demás nacieron en el invierno. A lo mejor esa es la razón por la que soy tan distinta a ellos. Cuando era niña me llamaban "la niña rara." Mi niñez era...es un poco difícil describir mi niñez porque he bloqueado muchas de mis memorias. Tuve una niñez traumática causada por abuso sexual, abuso físico y emocional. Fue el momento más triste de mi vida, todavía no he vivido el momento mayor felicidad de mi vida. Tengo muy pocas memorias que son buenas. No hablaba mucho cuando era niña, especialmente en español. Por mucho tiempo yo odiaba ser hispana y odiaba el idioma español por el trauma que me ocurrió y por el racismo que ocurría en la ciudad en que viví. Considero el inglés mi primer idioma. Aprendí a hablar inglés en la escuela y mi hermano mayor me ayudaba con mi tarea. Mis padres son de México y se mudaron aquí hace unos treinta años. Mi madre nació en Durango, México y mi padre nació en la ciudad de México. No se mudaron a los Estados Unidos al mismo tiempo, se conocieron en Oregón. Tengo dos hermanas, una mayor, una menor y un hermano mayor. Yo tuve una niñez muy difícil. Yo y mi hermana mayor fuimos víctimas de asalto sexual. La verdad, no me gusta hablar de mi niñez. Trato de bloquear muchas de mis memorias. Sí, tengo unas buenas memorias pero la mayoría no son buenas. Me hace sentir triste pensar en toda violencia y el abuso que sufrí. Hoy en día me afecta mucho. Tengo Trastorno de Estrés Postraumático y depresión por todo lo me pasó.

Hoy en día estoy tratando de sanar mi alma. No es nada fácil. Todos los días siento que estoy escalando una montaña interminable, y unos días no tengo la energía, pero me levanto cada día y escalo.

No sé si me considero mi persona favorita, pero soy la única persona que eh estado ahí por mí misma durante toda mi vida, entre lo malo y lo bueno. Me tengo a mi misma y he crecido con mucha fuerza. No sé en qué dirección va mi vida, pero sí sé que nunca voy a dejar de escalar y voy a intentar con todas mis fuerzas alcanzar mis sueños. Quiero ser una actriz, es mi sueño. Mucha gente, familia y amigos, me decían que no va a ser posible porque soy fea, baja, y no hablo lo suficiente. Me deshice de la mayoría de esas personas negativas en mi vida. Jamás voy a dejar que alguien me detenga de mis sueños, me tengo a mi misma y yo creo que lo puedo hacer, lo voy a hacer. He querido ser actriz desde que tenía quince años, antes de eso quise ser veterinario. Amo a los animales. Yo tengo dos perras, y cinco gatos, los considero mi familia. Me encanta pasar mi tiempo entrenando a mi perra que se llama Sol, escribo su nombre con tilde porque le puse el nombre de la diosa nórdica del sol. Su raza es Belgian Malinois, ella es mi mejor amiga. Paso la mayoría de mis días con ella y siempre me divierto. Me gusta decir que el Sol es la luz de mi vida. Ella me ha traído mucha felicidad y se lo agradezco.

My favorite person?

Fran

I don't know how to start this essay. I don't have a favorite person whose native language is Spanish. The only option I have is myself.

I was born in Silverton, Oregon, on June 19, 1999, at Silverton Hospital. I am the only one in my family who was born in the summer. The others were born in the winter. Maybe that's the reason I'm so different from them. When I was a child they called me "the weird girl." My childhood was...it's a bit difficult to describe my childhood because I have blocked out a lot of my memories. I had a traumatic childhood caused by sexual abuse, and physical and emotional abuse. It was the saddest moment of my life and I have not yet experienced the happiest moment of my life. I have very few good memories. I didn't speak much as a child, especially Spanish. For a long time, I hated being Hispanic and I hated the Spanish language because of the trauma that happened to me and because of the racism that happened in the city where I lived. I consider English my first language. I learned to speak English at school and my older brother helped me with my homework. My parents are from Mexico, and they moved here about thirty years ago. My mother was born in Durango, Mexico, and my father was born in Mexico City. They didn't move to the United States at the same time, but they met in Oregon. I have two sisters, one older and one younger, and one older brother. I had a very difficult childhood. My older sister and I were victims of sexual assault. The truth is, I don't like to talk about my childhood. I try to block out a lot of my memories. Yes, I have some good memories but most of them are not good. It makes me feel sad to think of all the violence and abuse I suffered. Today it affects me a lot. I have Post Traumatic Stress Disorder and depression because of everything that happened to me.

Today I am trying to heal my soul. It's not easy at all. Every day I feel like I'm climbing an endless mountain, and some days I don't have the energy, but I get up every day and climb. I don't know if I consider myself my favorite person, but I'm the only person who's been there for me my whole life, between the bad and the good. I have myself and I have grown very strong. I don't know what direction my life is going, but I do know that I will never stop climbing and I will try with all my might to achieve my dreams. I want to be an actress, that's my dream. Many people, family and friends, told me that it will not be possible because I am ugly, short, and I don't speak enough. I got rid of most of those negative people in my life. I am never going to let someone stop me from my dreams. I have myself and I believe that I can do it. I am going to do it. I have wanted to be an actress since I was fifteen, before that I wanted to be a veterinarian. I love animals. I have two dogs and five cats and I consider them my family. I love spending my time training my dog Sól. I write her name with an accent because I named her after the Norse goddess of the sun. Her breed is Belgian Malinois and she is my best friend. I spend most of my days with her and always have fun. I like to say that the Sun is the light of my life. She has brought me a lot of happiness and I thank her.

Como Yo Me Enfrenté a la Adversidad

Joshua Daniel Salm

Mi vida incluye bastantes experiencias donde yo pensé que iba a fallar. Más que nada, yo me hubiera podido haber lastimado (más de lo que estoy ahorita) o hasta casi me hubiera muerto. Tiene razón el dicho: "las mujeres viven más tiempo que los hombres." Mi juventud personificó muy bien el dicho. Lo bueno es que con mis malas experiencias obtuve aprendizajes que me ayudan a enfrentar muchas adversidades. Son estas lecciones donde la juventud, cambia rápidamente a la adultez. Nadie es invencible, y la vida lo enseña con tal intensidad que se decide a cuidar a sí mismo físicamente y psicológicamente. Estas son mis lecciones de mis tres experiencias que más me ayudaron a enfrentar muchas adversidades, que se manifestaron en mucho sufrimiento físico y mental de mi parte.

Mi primera experiencia fue cuando cambié de distritos escolares, de Woodburn, a Salem en el año 2008. No nos mudamos de casa, siempre tuvimos nuestra vida en Salem con mi familia, solo yo y mi hermano nos cambiamos a una escuela de Salem ya que no nos convenía seguir en Woodburn. Tenía alrededor de doce años en ese tiempo, y fue la primera vez en mi vida que no limitaba mi día a los horarios de trabajo de mis padres. Quise cambiar de distritos porque no tenía cómo ir a casa, y me tocaba esperar a que mis padres salieran de sus trabajos en Woodburn para llevarme a casa. Esta fue la primera vez que tuve tiempo libre y para mí mismo, pude viajar en bici con tranquilidad, conociendo más la ciudad de Salem. Pude por fin hacer amigos cercanos, porque en Woodburn no podía quedarme con ningún amigo, solo me quedaba en el programa "after school," cada día hasta las cinco de la tarde hasta que me recogieran mis padres. Entonces, gracias al cambio de distritos pude ganar amigos cercanos, y conocer la ciudad en donde ahora vivo.

Después de un año en un nuevo distrito, cambié de la escuela intermedia a la secundaria. Tenía catorce años, y esa época de mi vida fue una de las más impactantes porque me tocó enfrentar la adversidad "conquistando" esquizofrenia. Esto se manifestó porque en esos años mis padres y doctores me forzaron a tomar Adderall (metanfetamina legal). Pensaron que esas pastillas iban a curar mi trastorno de déficit de atención. Solo demoró un mes desde que empecé a tomar esa medicación, cuando comencé a no tener control de mi "ser mental;" sentía que no tenía ningún control de mi mente. Fue como si alguna otra presencia o energía tuviera total control de todos mis pensamientos. Toda mi familia se dio cuenta de esto y les tocó llevarme a un consejero. Ahí el consejero preguntó a mis padres qué estaba tomando, y mis padres le contaron sobre la medicación. él les dijo que a mi me estaban afectando negativamente. El momento que dejé de tomar la medicación, mi mente se aclaró. En esta ocasión, mi aprendizaje fue el creer y apoyar a mis padres, aunque más parecía que querían perjudicar mi salud mental. En realidad, no fue así, ellos no pensaron que esas pastillas me iban a afectar así. Nuestra conexión comunicativa como familia, en realidad, se hizo mucho más fuerte.

La última experiencia que me ayudó a enfrentar la adversidad fue cuando me convertí en una persona con discapacidad física. Esto pasó después de graduarme la secundaria en 2014. En vez de ir directamente a la universidad, decidí irme a vivir en Ecuador por un año. Llevé mi bici conmigo, y esa fue la peor idea que iba a cambiar mi vida permanentemente. En mayo de ese año, me desgarré mi hombro en el parque de patinetas. En vez de escuchar al doctor y hacer reposo, me desgarré el hombro como diez veces más, hasta que necesité una cirugía. Tuve miedo de tener una cirugía, pero pensé que me iba a recuperar sin hacer nada. Siempre me he recuperado antes, entonces, no pensé mucho en los inevitables daños físicos y seguí haciendo trucos en mi bmx. De niño uno piensa que es invencible, pero Dios enseña que la vida no es así. Hasta hoy en día, mi hombro está débil, y no puedo hacer las cosas normales que cualquier otra persona hace. Me tocó cambiar mi dirección en la vida para hacer una carrera donde no me pueda lastimar y que me guste. Esto fue lo más difícil para mí, porque a mi me gusta trabajar en labores manuales. Estudié mecánica en Ecuador antes de lastimarme mi hombro, pero no me pude lograr certificarme ya que ni podía mover mi hombro.

Los años pasaron hasta que por fin encontré una carrera que me gustó. Seguí con la escuela culinaria de 2018 hasta el 2020, pero esto me lastimó aún más el hombro. La escuela culinaria se declaró en bancarrota por la pandemia, y ni pude sacar el diploma, me quitaron treinta mil dólares. Esta vez sí estuve con mucha depresión, hasta que vi oportunidades, abriéndose en todo el país. Vi la necesidad de profesores, y los problemas que tienen muchos de estos estudiantes a consecuencia de la pandemia. Entonces, ahora estoy estudiando para ser profesor. Lo que aprendí de mi discapacidad es que nunca se debe desconfiar del poder en uno mismo. Nadie de mi familia puede relacionar con mi dolor, y eso está bien. Tampoco quiero que nadie sienta ningún dolor similar en su vida, ni a mi peor enemigo. Lo bueno de mi familia es que sin su apoyo, no me hubiera estado enfocando en mi futuro, si no yo me podría seguir malos pasos y lastimarme de una manera fea. El dolor me enseñó a comunicarse más eficientemente, cuidar mi salud física, y mantener la calma y paciencia con las personas como nunca me hubiera podido imaginar.

La vida está llena de sorpresas y malas instancias. No solo es responsabilidad de uno mismo enfrentar los problemas, y seguir adelante. Desafortunadamente, se necesita algún tipo de apoyo económicamente estable para seguir adelante en Estados Unidos. También no es bueno estar apegado a un mal pensamiento, si no se puede estar entrampado en esa energía. Después uno anda enojado, estresado y sin un plan de acción. Yo he hecho muchas cosas en mi vida que todavía muchos viejitos no las han hecho. Pero esas experiencias me ayudaron a ser una persona mucho mejor y fuerte con mi conciencia. Por eso uno debe valorar a los amigos, a la comunidad, respetara la familia, y creer en uno mismo.

How I Cope with Adversity

Joshua Daniel Salm

My life includes quite a few experiences where I thought I was going to fail. More than anything, I could have hurt myself (more than I am right now), or even I could have even died. The saying that "women live longer than men" is true. My youth really epitomized that saying. The good thing is that with my bad experiences, I learned that I can face many adversities. It is through these lessons that youth quickly changes into adulthood. No one is invincible, and life teaches this with such intensity that one begins to want to take care of oneself physically and psychologically. These are my lessons from three experiences and learning moments that helped me the most to face many adversities, although they manifested themselves through much physical and mental suffering on my part.

The first experience that helped me face adversity was when I changed school districts from Woodburn to Salem in 2008. My family didn't move to a different house since we had always lived in Salem. My brother and I changed schools to suit our schedules. I was around twelve years old at the time. After the move was the first time in my life that I didn't build my day around my parents' work schedules. The reason I wanted to change districts was that I had no way home from Woodburn and had to wait until my parents go off work to take me home. After the move, this was the first time I had solitary and free time for myself, and I was able to get around by bike with ease and got to know the city of Salem more. I was finally able to make close friends because in Woodburn I couldn't stay over with any friends. In contrast, I only stayed in the after-school program every day until 5 p.m. when my parents picked me up. So, it is thanks to the change of districts that I was able to gain close friends and get to know the city where I live.

After a year in the new district, I switched from middle school to high school. I was fourteen years old, and that time of my life was one of the most impactful in my life because I had to face the adversity of conquering schizophrenia. This problem manifested because in those years my parents and doctors forced me to take Adderall (legal methamphetamine). They thought those pills would cure my attention deficit disorder. It only took a month for the medication to cause me to lose control of my mind. It felt like I had no control of my mind. It was as if some other presence or energy had complete control of all my thoughts. My whole family realized this, and they took me to a counselor. The counselor asked my parents what I was taking, and my parents told him about my medication. He told them that it affected me badly. The moment I stopped taking the medication, my mind cleared up. On this occasion, I believed my parents and supported their ideas, although it seemed that they wanted to attack my mind. In reality, it wasn't like that, and they didn't think those pills were going to affect me like that. Our connection and communication as a family actually got a lot stronger.

The last experience that helped me face adversity was when I become physically disabled. This happened after I graduated from high school in 2014. Instead of going straight to university, I decided to live in Ecuador for a year. I took my bike with me, and that was a bad idea that was going to change my life permanently. In May of that year, I tore my shoulder at the skateboard park. Instead of listening to the doctor, I tore my shoulder ten more times until I needed surgery. I was afraid of having surgery, and I thought that I would recover without doing anything. I'd always recovered before, so I didn't think much about the inevitable physical damage and kept doing tricks on my BMX bike. Kids think they are invincible, but God teaches that life isn't that way. To this day, my shoulder is weak, and I can't do normal things that everyone else does. I had to change the direction of my life to pursue a career that won't hurt me. This has been so hard for me because I like to do manual labor. I studied mechanics in Ecuador before I hurt my shoulder, but I couldn't continue since I couldn't even move my shoulder.

Years passed until I finally found a career that I liked. I went to culinary school from 2018 to 2020, but that only hurt my shoulder more. The school filed for bankruptcy due to the pandemic, and I couldn't even get my diploma, and they took $30,000 from me. At that time I was really depressed until I saw opportunities opening up all over the country. I saw the need for teachers and the problems that many students have as a result of the pandemic. So now I'm studying to be a teacher. What I learned from my disability is never to distrust your own power. No one in my family can relate to my pain, and that's okay. I also don't want anyone to feel any similar pain in their life, not even my worst enemy. The good thing about my family is that without their support, I would not have been able to focus on my future and I might have taken the wrong steps and hurt myself in a bad way. Pain taught me to communicate more effectively, take care of my physical health, and stay calm and patient with people in ways I never would have imagined.

Life is full of surprises and bad events. It is not only one's responsibility to face problems, but also to move forward. Unfortunately, some form of economic stability is necessary to move forward in the United States. Also, it's not good to get stuck in bad thoughts that can trap energy. Then one just walks around angry, stressed, and without an action plan. I have done many things in my life that many old people still haven't done in their lives. But these experiences have helped me to be a much better person and strong in conscience. For this reason, it is important to value friends and community, respect family, and believe in oneself.

Buscar Mejores Oportunidades

Anónimo

Todos buscamos lo mejor para nosotros mismos y nuestras familias ya sea un cónyuge, padres o hijos. Cuando tenía veintitrés años J Cruz Ceja decidió dejar todo para ir a buscar mejores oportunidades para él y su familia. Él y un grupo de amigos se unieron para emprender un viaje hacia otro país ya que se decía que en ese país había mejores oportunidades de trabajo para salir adelante y, sobre todo, para tener más remesas y poder apoyar a sus familiares de México. El día que intentaron pasar la frontera, arrestaron a dos de sus compañeros, ellos después decidieron no intentarlo más, así que volvieron al pueblo.

El señor Cruz siguió adelante y llegó a California y se quedaron en una casa donde había muchos hispanos. En el lugar donde llegaron a vivir había muchas personas que no trabajaban, o solo trabajaban para comprar alcohol y emborracharse; así que el señor Cruz y las otras tres personas decidieron irse a vivir con otra persona conocida donde pudieran tener estabilidad. Al poco tiempo, se hizo una amnistía donde el jefe del señor Cruz, le sugirió que llenará la forma para poder obtener la residencia estadounidense, de esa manera, él podía salir y entrar de EE. UU sin problemas. El primer año que fue a México después de que le llegó su residencia fue muy emotivo ya que se reunió con su familia.

Cruz dice que no aprendió hablar bien inglés porque solo trabajó con hispanos y pues no necesitaba aprenderlo. Aunque sabe lo básico, aún se confunde cuando quieren tener una conversación más completa. Su vida en México no era muy diferente a la vida que tenía aquí en términos de trabajo, pero cambió mucho en el sentido de que ya que no tenía a su familia cerca. La vida en Estados Unidos no era complicada ya que vivía con conocidos, pero él decidió establecerse en un trabajo así que se mudó a Oregón para buscar mejores oportunidades de vida. El empezó a trabajar en Monrovia donde lleva más de treinta y cinco años trabajando y está a pocos años de jubilarse.

Las actividades que suelo realizar aquí en mis días libres es salir a caminar, eso es satisfactorio para realizar ejercicio y apreciar lo que hay a mi alrededor. Pasaron años y pude traer a mi familia a vivir aquí conmigo, mis hijos han sido una fuente confiable en las traducciones para comunicarme con los estadounidenses. Fue muy duro acostumbrarme a vivir aquí ya que el clima es más frío. Trabajar en el campo me ha ayudado a darles consejos a mis hijos e impulsarlos a seguir estudiando.

Mis hijos han tenido la oportunidad de poder hablar los dos idiomas y eso me llena de orgullo, mis metas eran venir aquí a trabajar y después de mi jubilación irme a vivir a mi pueblo, pero creo que ya me acostumbré a estar aquí, me aclimaté, e incluso me empezó a gustar el frío. Recuerdo que para obtener más recursos, más dinero, tuve que trabajar también en la temporada de pinos, y así pasó el tiempo y me fui acomodando económicamente.

El señor Cruz lleva trabajando más de treinta y cinco años como campesino en EEUU, aunque su historia de migración es algo que no me contó con lujo de detalles, dice que por el medio del desierto debía muchas personas que murieron, él cree que estas experiencias en la vida lo han cambiado, fue un procesos muy duro en todos los aspectos; pero su decisión no la cambiaría por nada ya que así pudo darle una mejor vida a su familia, hasta el punto que todos ellos viven juntos en este país.

A Search for Better Opportunities

Anonymous

We all seek the best for ourselves and our families, whether for a spouse, a parent, or a child. When J Cruz Ceja was twenty-three years old, he decided to leave everything to go find better opportunities for himself and his family. He and a group of friends came together to take a trip to another country because it was said that there were better job opportunities to get ahead in this country, and above all, opportunities to send remittances to and support relatives in Mexico. The day the group tried to cross, border patrol arrested two of their companions. The rest of the group decided not to try anymore and they returned to their town.

But Mr. Cruz went ahead and arrived in California and stayed in a house where there were many Hispanics. In this new place, many people did not work, or only worked to buy alcohol and get drunk. Mr. Cruz and the three others decided to go live with another person where they could have stability. Soon, an amnesty was made and Mr. Cruz's boss suggested that he fill out the forms to obtain residency in the United States. That way, he could leave and enter the US without problems. The first year he went to Mexico after his residency arrived was very emotional as he was reunited with his family.

Cruz says he didn't learn to speak English well because he only worked with Hispanics and he didn't need to learn it. Although he knows the basics, he still gets confused when people want to have a more complete conversation with him. His life in Mexico was not much different from the life he had here in terms of work, but it changed a lot in the sense that he didn't have his family around. Life in the United States was not complicated since he lived with acquaintances, but he decided to move to look for better life opportunities and settled into a job in Oregon. He started working in Monrovia where he has been working for more than thirty-five years and is a few years away from retirement.

"The activity I usually do here on my days off is to go for a walk. That is satisfying to exercise and appreciate what is around me. Years passed and I could bring my family to live here with me, my children have been a reliable source of translation to communicate with Americans. It was very hard to get used to living here as the climate is colder. Working in the field has helped me to give advice to my children and encourage them to continue studying.

My children have had the opportunity to speak both languages and that fills me with pride. My goals were to come here to work and after my retirement to go live in my village, but I think I got used to being here, I acclimatized, and I even started to like the cold. I remember that to obtain more recursos, more money, I also had to work in the pine season, and so time passed and I settled economically."

Mr. Cruz has been working for more than thirty-five years as a farm worker in the United States. Although his history of migration is something that he did not tell me in great detail, he says that in the middle of the desert, he was with many people who died. He believes that these experiences in life have changed him. They were very hard to process in all aspects. But the decision does not change anything for him since this way he was able to give a better life to his family, to the point that they all live together in this country.

Entrevista con Mi Mamá

Seth Alexander Rue

Mi mamá nació en Detroit, Michigan, en 1949. Tenía una juventud desocupada y muy llena con su imaginación. Pasaba su tiempo libre con sus amigas del barrio, jugando en la calle, en el sótano de la casa de sus padres con muñecas y en su propio mundo que era brillante y siempre cambiante. ¡En un día, ella sería doctora, y el próximo una nadadora olímpica! Su vida, cuando era niña, y la vida de sus hermanas, Alexis y Juanita, estaba muy protegida. La vida existió completamente en Normandy Street, y nada cambió. Mi madre era baja, muy pequeña, y tenía mucha energía.

A medida que crecía, ella cambió escuelas, y de repente, crecieron senos enormes en su pecho (desde entonces han vuelto a desaparecer)! Mi mamá habla sobre esto con mucho humor. En su adolescencia, disfrutaba escuchando la radio y cantando juntos con Nat King Cole y Johnny Mathis, bailaba en el sótano con sus amigos a Los Temptations, Los Four Tops, y Diana Ross and the Supremes; tocaba la guitarra, patinaba sobre ruedas por el barrio, y fabricaba sus ropas con su buena amiga Susan. Ella detestaba fregar el piso de la cocina, limpiando la moldura, ni estar cerca de su padrastro en absoluto.

Ella asistió a una escuela como internada católica, y llevaba uniformes con faldas azules, blusas con cuello, y chaquetas. Se subieron las faldas muy por encima de la rodilla, ¡lo cual iba en contra de las reglas! Llevaba una mantilla para la misa. Solía quedarse despierta hasta tarde con su compañera de cuarto, tocando la guitarra y cantando en secreto en el armario oscuro, o leyendo debajo de las sabanas. Las monjas la atraparon varias veces y la acusaron de ser lesbiana. En los fines de semana, no podría visitar a sus amigas blancas, ni invitarlas.. Vivía en dos mundos distintos, el negro y el blanco, y en esa época, a intentar unirlos habría sido muy peligroso para ella y para su familia.

Un verano, fue con su mamá y su hermanita Juanita a visitar a la familia en Arkansas y Mississippi, estados en donde sus ancestros fueron esclavizados no muchísimo antes. Este viaje representó una visita a un mundo completamente distinto. El sur de los Estados Unidos. Manejaron en coche casi mil miles. No podrían parar para comer en restaurantes porque la ley del sur era de Jim Crow, y los blancos ahí fueron violentos. Entonces, su madre preparó la comida antes, y se detuvieron en las mesas picnic para comer. Cuándo llegaron en Little Rock a visitar su Tío Billy, ella probó mantequilla real, no margarina (pero MANTEQUILLA!), en su sémola, e inmediatamente se enamoró del nuevo sabor. Dejando Little Rock, se detuvieron a descansar un rato, y las hermanas caminaron en un campo. Ahí, mi madre cayó en un barranco y había un tubo oxidado que le atravesó la pierna. Fueron al hospital, pero no le permitieron entrar porque eran negras. Entonces, fueron a otro hospital para negros, mucho mas lejos, donde la cuidaron y le dieron una vacuna contra el tétano. Ella todavía tiene esa cicatriz, acompañado por ese recuerdo. En Mississippi, habían diferentes fuentes de agua para personas negras y blancas.

En la universidad, trabajaba mucho en varias posiciones. Trabajaba en el comedor. Trabajaba en una boutique. Trabajaba en la cocina de un hospital, en una tienda de música, limpiando casas, recogiendo fresas y como asistente de enfermera. Hizo todo lo que tenía que hacer para sobrevivir (y divertirse un poco). Después de graduarse, se mudó a Dinamarca por un año para aprender danés y estudiar tejidos.. Vivía con una familia que no hablaba inglés, entonces tenía que aprender el idioma.

Después de casarse y tener sus dos hijos, se mudó a Oregón para estar más cerca de la familia de mi padre. Para ella, Oregón es muy hermoso, y la gente es muy agradable, pero son muy privadas, y es difícil conocer personas. Se sorprendió al descubrir que la conciencia social aquí se sentía muy por detrás de la de cualquier ciudad más grande de la costa este. También, la conciencia de ser negra fue muy diferente. Las comunidades de personas no se comportan de la misma manera aquí en Oregón como en otros lugares. No hay mucha actividad cultural aquí, pero a pesar de esto, le encanta vivir en el campo. Le encanta el tranquilo, el aire puro, y los cielos grandes y claros. Cuando vivíamos en Filadelfia, viajabamos a la región de los Amish solo para experimentar la tranquilidad del campo. En Oregón, sus lugares favoritos son Timberline Lodge, y el mar.

Cuando le pregunté qué nos enseñó a mi hermana y a mí, dijo que espera que hemos aprendido a estar abiertos a nuevas experiencias, a ser compasivos, a tomar buenas decisiones, y asumir la responsabilidad de nosotros mismos. Encontrar alegría en las muchas cosas pequeñas. Rodearse de gente que te haga reír. Dijo que, "Joyfulness comes when you feel no need on any level to protect yourself; when you are completely free to be who you are, uncovered."

Mi mamá dice que no hay ninguna cosa de ella que sea sorprendente, excepto que tiene pies planos, una pierna es más larga que la otra y no tiene pelo. Obviamente, su imaginación sigue siendo muy vibrante y activa.

An Interview with My Mom

Seth Alexander Rue

My mom was born in Detroit, Michigan, in 1949. She had a carefree youth that was filled with her imagination. She spent her free time with her friends from the neighborhood, playing in the street, with her dolls in the basement of her parents' house, and in her imaginary world that was bright and ever-changing. One day she would be a doctor and the next an Olympic swimmer. Her life as a child with her sisters, Alexis and Juanita, was protected. Life existed completely on Normandy Street, and nothing changed there. My mother was short, very small, and had a lot of energy.

As she got older, she changed schools, and suddenly huge breasts grew on her chest (they have since disappeared again)! My mom talks about this with a lot of humor. In her teens, she enjoyed listening to the radio and singing together with Nat King Cole and Johnny Mathis; dancing in the basement with her friends to The Temptations, The Four Tops, and Diana Ross and the Supremes; playing the guitar; roller-skating around the neighborhood; and making her own clothes with her good friend Susan. She hated scrubbing the kitchen floor, cleaning the trim, or being around her stepfather at all.

She attended a Catholic boarding school and wore uniforms with blue skirts, collared blouses, and jackets. Skirts were hiked up well above the knee, which was against the rules! She wore a veil for mass. She used to stay up late with her roommate, playing the guitar and secretly singing in the dark closet, or reading under the covers. The nuns caught her several times and accused her of being a lesbian. On weekends, she could not visit her White friends, nor invite them. She lived in two different worlds, Black and White, and at that time, trying to unite them would have been very dangerous for her and her family.

One summer, she went with her mother and her little sister Juanita to visit family in Arkansas and Mississippi, states where their ancestors had been enslaved not long before. This trip represented a visit to a completely different world, the southern United States. They drove almost a thousand miles by car. They couldn't stop to eat in restaurants because the law in the south was Jim Crow, and the Whites there were violent. So, her mother prepared the food earlier and they stopped at the picnic tables to eat. When they arrived in Little Rock to visit her Uncle Billy, she tasted real butter, not margarine (but BUTTER!), on her grits and immediately fell in love with the new flavor. Leaving Little Rock, they stopped to rest for a while, and the sisters walked in a field. There, my mother fell into a ravine and a rusty pipe went through her leg. They went to the hospital, but they didn't let her in because they were Black. So they went to another Black hospital much further away, where they took care of her and gave her a tetanus shot. She still has that scar, accompanied by that memory. In Mississippi, there were even different water fountains for Black and White people.

In college, my mom worked a lot in various positions. She worked in the dining room. She worked in a boutique. She worked in a hospital kitchen, in a music store, cleaning houses, picking strawberries, and as a nursing assistant. She did everything she had to do to survive (and have a little fun). After graduation, she moved to Denmark for a year to learn Danish and study weaving. She lived with a family that did not speak English, so she had to learn the language.

After she married and had two children, she moved to Oregon to be closer to my father's family. To her, Oregon is very beautiful, and the people are very nice, but they are very private and it's hard to meet people. She was surprised to find that the social conscience here felt far behind that of any larger city on the East Coast. Also, the awareness of being Black was very different. The communities of Oregon don't behave the same way as they do in other places. There is not much cultural activity here, but despite this, she loves living in the countryside. She loves the calm, the clean air, and the big, clear skies. When we lived in Philadelphia, we traveled to Amish country just to experience the tranquility of the countryside. In Oregon, her favorite places are Timberline Lodge and the sea.

When I asked what she taught my sister and me, she said that she hopes we have learned to be open to new experiences, to be compassionate, to make good decisions, to take responsibility for ourselves, and find joy in the many little things. Surround yourself with people who make you laugh. She says, "Joyfulness comes when you feel you don't need on any level to protect yourself; when you are completely free to be who you are, uncovered."

My mom says there's nothing amazing about her except that she has flat feet, one leg is longer than the other, and she doesn't have hair. Her imagination is still very vibrant and active.

Los Idiomas Español e Inglés

Moisés R. Leal Zepeda

El idioma que hablo en mi casa es español, y fuera de casa hablo inglés. Estos son los idiomas que yo sé hablar. Tanto yo como varias personas podríamos decir que no hablamos español porque nos da pena que nos vayan a criticar, también porque nos podemos sentir raros al hablar porque sentimos que en los Estados Unidos casi no se usa el español más que en casa.

En mi caso, casi no hablo español en público porque me da vergüenza de que las personas me critiquen y me digan que no debería estar hablando español en lugares públicos porque estoy en los Estados Unidos y no en México. Tuve esta experiencia de cerca, cuando un vecino me dijo que las personas que están en Estados Unidos y que hablan español deberían aprender inglés porque ellos vienen a los Estados Unidos y que no está bien que no hablen inglés o que necesiten intérpretes. Cuando me dijo esto me dio pena, porque también me dijo que mis papás deberían aprender inglés porque ellos quieren estar en Estados Unidos y que ya no están en México. Además, me dijo que si él fuera a México, por supuesto que él tendría que aprender español, que así tiene que ser que cuando una persona se va a otro país, debe aprender el idioma de ese país.

Cuando hablo español frente a ciertas personas, yo me siento raro y la razón porque digo esto es porque cuando estoy con mis amigos o familiares que hablan español e inglés nos ponemos a hablar en inglés. Yo siento que cuando tratamos de hablar español las cosas se sienten diferentes y no entiendo muy bien por qué. Yo pienso que me siento raro al hablar español con ellos porque casi nunca lo hablamos cuando estamos reunidos y a lo mejor es porque ya nos acostumbramos aquí en los Estados Unidos en donde se dice que solo podemos hablar inglés y no está bien hablar español.

También casi no hablo español porque siento que el único lugar en donde lo hablo es en mi casa o con familiares y personas que solo hablan español, que son muy pocas. En mi casa siempre he hablado español porque como había dicho mis papás no hablan inglés, también hablo español con amigos que no hablan inglés. Si no fuera por eso, a lo mejor ya no hablaría español.

Yo nací y crecí hablando español, y aprendí a hablar inglés a los cuatro años, desde entonces hablo ambos idiomas. Cada día siento que hablo más inglés que español por la forma que somos educados en los Estados Unidos y la manera que nos hacen sentir.

En conclusión, muchos de nosotros no hablamos español porque nos pesa pensar en que nuestros conocidos nos van a juzgar por hablar nuestro idioma nativo. También no hablamos español porque a veces nos podemos sentir extraños cuando lo hablamos enfrente de ciertas personas como amigos o ciertos familiares. La otra razón por la que casi no se usa el español es porque casi no se habla en ningún lugar más que en casa o alrededor de personas que no hablan inglés. De todas formas, yo pienso que nunca deberíamos tratar de cambiar quienes somos aunque nos digan que no se debe hablar español en los Estados Unidos.

The Spanish and English Languages

Moisés R. Leal Zepeda

The language I speak at home is Spanish, and in public I speak English. These are the languages I know how to speak.

I could say I don't speak Spanish, as could many people I know, because it makes us feel sad. We are afraid of being criticized, and sometimes the words feel awkward. I hardly speak Spanish in public because people are critical and tell me I shouldn't be speaking Spanish in public because this is the United States, not Mexico. In the US, Spanish seems to be used only at home. For example, my neighbor told me that people who come to the US should not speak Spanish. Instead, they should learn English and not rely on interpreters. When he told me this I felt sad because he also said this to my parents. At the same time, he also told me that if he went to Mexico of course he would have to learn Spanish and that when a person goes to another country they must learn the language of that country.

When I speak Spanish in front of certain people I feel strange and I don't really know why. Even when I am with friends or relatives that speak both Spanish and English, we always end up speaking English. I hardly ever speak Spanish with them, maybe it's because we have gotten so used to being here in the United States where we hear the message to only speak English and that it's not good to speak Spanish.

The only place that I speak Spanish is at home with family because my parents do not speak English, or with people who only speak Spanish which isn't many people. If it weren't for these people, I might not speak Spanish at all anymore. I was born and raised speaking Spanish, and I learned to speak English when I was four years old and have been speaking English ever since. Every day I feel that I speak a little more English than Spanish because of the norms created in the United States and the way Spanish speakers are made to feel and act.

To conclude, many of us do not speak Spanish because it weighs us down to think that others will judge us and our native language. We also don't speak Spanish because it can feel awkward with certain people. The other reason that we don't speak Spanish is that it's only spoken at home or around people who don't speak English. But we should never try to change who we are just because Spanish is not fully accepted in the United States.

Lecciones de un Fallecimiento

Louis Kanolis

Cuando pienso en mi vida, puedo decir que soy muy afortunado. Para pensar en la adversidad y cómo la puedo vencer, es difícil para mí. Hay personas que enfrentan la adversidad cada día. La adversidad según algunas personas tiene que ver con la salud, a otras personas es la economía y por otras pertenece a la sociedad. Es verdad que puedo escribir sobre muchas situaciones en que existe la adversidad para mí, pero no es como otras situaciones como emigrar de un país a los Estados Unidos, superar una enfermedad o enfrentar los efectos del racismo. Quiero hablar de un momento en mi vida que me cambió para mejor. Este momento es la muerte de mi padre y las lecciones que aprendí del duelo, la identidad y el cariño auténtico. La muerte de mi padre me enseñó una forma positiva de superar el duelo, me dio una nueva identidad y me mostró el cariño auténtico de las personas.

Mi experiencia con el duelo fue profunda. Tuve una depresión que alcanzó a los rincones de mi ser por tres semanas después del funeral de mi padre. No podía sentir ninguna emoción sino una tristeza que arrancó al corazón. Para empeorar la situación, mi padre estaba en Chicago cuando falleció mientras yo vivía en Oregón. Mi pareja y yo tuvimos que volar al funeral y en el vuelo de regreso, no sentía nada. No obstante, esta situación me dio la oportunidad de enfrentar mi duelo de una manera saludable ya que me transformó para algo mejor. Me esforcé más en comunicar mis sentimientos y mis pensamientos. También, lograr mi duelo por comunicarme mejor creó situaciones inolvidables que nunca olvidaré. Por ejemplo, una noche cuando lavaba yo los trastes, le dije a mi pareja; "siento que no estoy triste" y él me dijo "¡Ay!, esto significa que el enojo viene pronto." En este momento lo que pudo hacer fue simplemente alejarse de mí.

La muerte de mi padre cambió mi identidad. Siempre sabía que era amigo, hermano menor e hijo de una madre y un padre. Mi identidad cambió con la muerte de mi padre. Aunque sigo siendo hermano menor y amigo, de repente, la muerte me transformó en un hijo sin padre. La nueva identidad de estar sin padre me permitió ver el mundo de una manera diferente. Tuve una experiencia que mi pareja y la mayoría de mis amigos ya no la han tenido. De todas formas, pertenezco a un club en que la mayoría de las personas que conozco ya no pertenecen. Fui matriculado por esta experiencia en "El club de hijos sin padre." Aprendí que ser miembro de ese club me hizo una persona más cariñosa y más paciente con otras personas. Por ejemplo, siete meses después del fallecimiento de mi padre, había una colega que perdió a su madre en Idaho. Podía ser yo más solidario con ella y también podía ayudarle a superar su duelo.

Finalmente, el fallecimiento de mi padre me mostró el cariño de personas y que puedo confiar en otras. Recibí una inundación de tarjetas de condolencias de amigos y colegas. Muchas personas tenían la paciencia conmigo durante el duelo y los episodios de llanura y depresión que algunas veces salieron sin aviso. También mis estudiantes en Español Inmersión doce me demostraron simpatía con una tarjeta firmada por cada miembro de la clase. Estos estudiantes tuvieron paciencia conmigo por las dos semanas después del funeral con las lecciones descabelladas que a veces no tenían sentido. Por tantas tarjetas de condolencias, estaba inundado con el cariño de otras personas. Antes de la muerte de mi padre, era yo escéptico de las intenciones positivas de otras personas hasta que me faltaba la confianza en otras. Después de recibir tanto cariño de otras personas y la sinceridad de sus palabras, aprendí que puedo tener más confianza en otras personas.

Para concluir, la muerte de mi padre me dio la oportunidad de aprender del cariño de otras personas, una forma positiva de superar el duelo y una identidad nueva. No es fácil sobrellevar la muerte de un pariente. Hoy en día puedo mirar para atrás y ver como me he transformado a una persona más cariñosa con más confianza en otras personas. En el futuro espero continuar con mi desarrollo de ser una persona más cariñosa y también desarrollar más empatía. También quiero ser solidario con mis amigos y con mi pareja. No es positivo pensar que en el futuro mi pareja y mis amigos tendrán una muerte de un pariente en sus vidas. Cuando esto se les ocurra, quiero ser la persona cariñosa y solidaria que soy.

Lessons From a Passing

Louis Kanolis

When I think about my life, I can say that I am fortunate. I think about adversity and how I was able to defeat it, although it was difficult for me. There are people who face adversity every day of their lives. Adversity for some people has to do with health, for other people it is the economy, and for others it has to do with society. It's true that I could write about adverse situations that exist for me, like immigrating to the United States, overcoming an illness, or facing the efects of racism. But I want to talk about the moment in my life that changed me for the better. This moment is my father's death and the lessons that I learned from mourning, identity, and true caring. My father's death taught me a positive way to overcome grief, gave me a new identity, and showed me authentic kindness to others.

My experience with grief was profound. I had a depression that reached into the corners of my being for three weeks after my dad's funeral. I was not able to feel any emotion except a sadness that ripped at my heart. To make the situation worse, my dad was in Chicago when he passed away while I was living in Oregon. My partner and I had to fly to the funeral and on the flight back I was feeling nothing. Nevertheless, this situation gave me an opportunity to face my grief in a healthy manner that transformed me into a better person. It forced me to communicate my feelings and my thoughts. Also, managing my grief by communicating better created situations that I will never forget. For example, one night while I was washing the dishes, I told my partner, "I'm feeling that I am no longer sad" and then he said, "Oh great! This means anger is coming soon." In this moment, all he could do was simply walk away.

My father's death changed my identity. I always knew that I was a friend, a younger brother, and a son to a mother and father. Although I am still a younger brother and friend, suddenly death transformed me into a son without a father. The new identity of being fatherless allowed me to see the world differently. I had an experience that my partner and the majority of my friends have not had. All in all, I now belong to a club that many people I know are not members. This was the experience of loosing a father and due to this, I was enrolled in the "Sons and Daughters Without Fathers Club." I learned that being a member of this club made me a more caring and patient person with others. For example, seven months after my dad's passing, a colleague who lost her mother in Idaho. I was able to be more supportive with her and willing to be there for her.

Finally, my father's passing showed me kindness in people and that I can trust others. I received a flood of condolences from friends and coworkers. Many people had patience with me during my grief as well as episodes of crying and depression that would come out without warning. Also, my students in Spanish Immersion Twelve showed me their sympathy with a card signed by each member of the class. These students had patience with me through the two weeks after the funeral with farfetched lessons that at times made no sense. With so many condolence cards, I was inundated with other people's care. Before my father's death, I was skeptical of other people's positive intentions to the point of losing trust in them. After receiving so much care and the sincerity of people's words, I learned that I can have more trust in others.

In closing, my dad's death gave me the opportunity to learn that other people do care, a positive way to overcome grief, and a new identity. It's not easy overcoming a parent's death. Today I can look back and see how I have transformed myself into a more caring person with more confidence in others. In the future I hope to be a more caring person and also develop more empathy. I also want to be more supportive of my friends and partner. It's not positive to think that in the future my partner and my friends will deal with their parents' death. But when this happens to them, I want to be the caring and supportive person that I am.

Tres Experiencias y Aprendizajes

Seth Alexander Rue

Generalmente, este autor ha tenido una vida muy cómoda y privilegiada, sin encontrar mucha adversidad. Pero, por supuesto, en el contexto de una vida en particular, podemos ver varios desafíos, y el impacto y la respuesta a esos desafíos. Voy a compartir las siguientes historias con ustedes, mis lectores leales, no para pedir su simpatía; sino para mostrar que toda la gente tiene sus propios retos que han influido en quiénes son, y que cada uno de ellos es legítimo porque cada uno de nosotros tiene un valor inherente. También, les pido que sean buenos y compasivos, el uno con el otro.

Primero, creo que es importante saber que yo tengo una condición genética que se llama osteogénesis imperfecta. Mi madre la tiene, y tres de mis tíos, también, y tres de mis primos. Ni mi hermana, agradecidamente, ni sus hijas la tienen. Osteogénesis imperfecta (OI) como se puede adivinar, afecta los huesos—es una deficiencia de colágeno—y por eso, mis huesos no pueden depositar calcio tan bien como los de otras personas. Supuestamente, la forma de la condición que tengo yo solo afecta antes de la pubertad, y de hecho, me rompí muchos huesos antes de graduarme de la escuela secundaria (casi veinticinco en total). Perdí la mitad de mi tercer año por una fractura grave de mi tibia seguida rápidamente de un ataque de mononucleosis. Aparentemente, mis heridas no me impidieron recibir suficientes besos para contraer esa enfermedad! Sin embargo, seguí activo, jugando y sobresaliendo en tres deportes – el fútbol, la pista, y la esgrima. Curiosamente, nunca me lastimé jugando ninguno de estos deportes.

Cuando me gradué de la universidad, no había tenido ninguna fractura desde la escuela secundaria, y esto continuaría hasta mis veintinueve años, cuando me rompí la cadera en un desagradable accidente ciclista, en un entrenamiento para la temporada de carreras. Me recuperé rápidamente y estaba en la bicicleta de nuevo menos de un año después, solo que ahora tenía tres tornillos en el fémur. Mi ortopedista pensó que esta fractura le habría pasado a cualquiera y que mis huesos parecían sanos. Qué bueno!, pensé De hecho, la forma de OI que tenía fue muy leve en comparación con otros, muchos que no sobreviven al nacimiento porque cada hueso de sus cuerpos se rompería en el canal de parto, o aquellos que sobreviven al nacimiento para crecer en sillas de ruedas y no viven más de treinta años. Qué agradecido me siento, de verdad.

Ahora, saltamos diez años hasta el verano de 2020 (un año ya famoso en todo el mundo) estaba ayudando a mi hermanita y a su familia a prepararse para mudarse, pintando su casa. Me sentía seguro y fuerte cuando, de repente, la escalera en la que estaba parado se cayó de debajo de mis pies y caí sobre el borde de piedra del porche. No podría moverme. Después, en el hospital, me dijeron que había roto dos de mis vértebras lumbares y un pequeño hueso en mi hombro, pequeñito, pero de vital importancia para mover el brazo.

Mi vida cambiaría otra vez. No podría ayudar a mi familia a mudarse, a cocinar, a cuidar a las niñas, a trabajar en la finca – nada. Tampoco, fue muy difícil estudiar con solo un brazo y sin poder caminar, sentarme, ni levantarme por cualquier período de tiempo. No quería depender de mi familia y agregarles otra carga, y había roto con mi novia. Me sentí indefenso y solo. Pero, mi familia no me dejaba hundirme en la autocompasión.

De alguna manera, mi familia, mientras manejaban todo lo

demás, me apoyaban y cuidaban con amor y fe, incondicionalmente. Finalmente, después de casi cuatro meses, he empezado a recuperarme, y los huesitos del hombro se han fusionado. Durante el proceso, los doctores han descubierto que mis huesos son osteoporóticos. Yo soy un hombre de treinta y ocho años y tengo los huesos de una mujer de sesenta y cinco años. Pero por suerte, mis doctores nuevos saben más de mi condición, y me están prestando la atención apropiada. Estoy tomando mis vitaminas y los doctores tienen varias opciones para fortalecer mis huesos ¡Finalmente! Después de casi cuatro décadas, siento que tengo acceso al cuidado que necesito. Claro que me entristece y, a veces, tengo que luchar contra los sentimientos de desesperanza. Por mucho que siempre quise ser padre, no quiero dar estos genes a nadie y cuestionó mi valor como pareja que porta una enfermedad así. Y, sí, yo sé que no soy solo mi cuerpo y no soy solo mis genes. Al mismo tiempo, mi cuerpo me ha servido muy bien y me he dedicado nuevamente a cuidarlo, y mis genes me han hecho quien soy. Y estoy orgulloso de quien soy.

Las experiencias que he tenido con médicos, enfermeras, y personal administrativo durante estos últimos 6 meses han confirmado, de nuevo, mi decisión en convertirme en enfermero practicante. Yo quiero dar un cuidado, una atención así a los demás, ayudar a alguien que no tiene el seguro de salud, o que no tiene familia, o que no tiene la complexión, el idioma, o el dinero que nuestra sociedad valora. Quiero sensibilizar a que esa persona crea que SÍ tiene un valor hermoso, intrínseco e inalienable, y se merece cuidado y consuelo.

¿Cuáles son los aprendizajes de mis experiencias? Son tres: Pedir ayuda.

No dé por sentada la salud.

Y construya su propia comunidad de amigos y personas que

funcionen como una familia y que se preocupe y ame de buena gana, eliminando a aquellos que encuentran demasiado agotadores esos esfuerzos.

Three Experiences and a Lesson

Seth Alexander Rue

Generally, this author has had a very comfortable and privileged life and has not encountered a lot of adversity. But of course, in the context of any particular life, there are various challenges, impacts, and responses to challenges. I am going to share the following stories with you, loyal reader, not to ask for sympathy but to demonstrate that everyone has their own challenges that influence who they are and that each challenge is legitimate because each one of us has inherent value. Also, I ask that you continue to be kind and compassionate with each other.

First, I believe it's important for you to know that I have a genetic condition called osteogenesis imperfecta. My mother has it, and also three of my uncles and three of my cousins have it. Thankfully, neither my sister nor her daughters have it. Osteogenesis imperfecta, or OI, affects the bones: it's a deficiency in collagen. Because of this, my bones can't store calcium as well as other people's. Supposedly, the type of condition I have only affects someone before puberty. And in fact, I broke a lot of bones before I graduated high school (almost twenty-five in all!). I missed half of my junior year with a severe fracture of my tibia that was quickly followed by a bout of mononucleosis. Apparently, my injuries didn't stop me from getting enough kisses to get that illness!

However, I remained active, playing and excelling in three sports: soccer, track, and fencing. Oddly enough, I never got hurt playing any of these sports.

When I graduated from college, I hadn't had any fractures since high school. This would continue until I was twenty-nine when I broke my hip in a bad cycling accident while training for the racing season. I recovered quickly and was on the bike again less than a year later, only now I had three screws in my femur. My orthopedist thought this fracture could have happened to anyone and that my bones seemed healthy. Good, I thought! In fact, the form of OI that I had was very mild compared to others. Many would not even survive birth because every bone would break in the birth canal, or those that survive birth would grow up in wheelchairs and wouldn't live more than thirty years. Truthfully, I really feel grateful.

Now jump forward ten years to the summer of 2020, an already infamous year around the world. I was helping my sister and her family prepare to move in by painting her house. I felt safe and strong when suddenly the ladder I was standing on fell from under my feet and I fell over the stone edge of the porch. I couldn't move. Later, in the hospital, they told me I had broken two of my lumbar vertebrae and a tiny bone in my shoulder, tiny by vitally important for moving my arm.

My life changed again. I couldn't help my family with the move, cooking, taking care of the kids, or working on the farm—nothing. Also, it was very difficult to study with only one arm and not be able to walk, sit, or get up for any length of time. I didn't want to depend on my family and add to their burdens, and I had broken up with my girlfriend. I felt helpless and alone. But my family wouldn't let me drown in self-pity.

Somehow my family, while handling everything else, supported and cared for me with love and faith, unconditionally. Finally, after almost four months, I have begun to recover, and the shoulder bones have fused together. During the process, the doctors discovered that my bones are osteoporotic. I am a thirty-eight-year-old man and I have the bone of a sixty-five-year-old woman. But thankfully my new doctors know more about my condition and are paying proper attention. I am taking vitamins and the doctors have several options that can strengthen my bones—finally! After almost four decades, I feel like I have access to the care that I need. Of course, it makes me sad and sometimes I struggle with feelings of hopelessness. As much as I have always wanted to be a father, I don't want to give these genes to anyone, and I question my worth as a partner because I carry this disease. Yes, I know that I am not just my body, and I am not only my genes. At the same time, my body has served me well and I have rededicated myself to caring for it, and my genes have made me who I am. And I am proud of who I am.

The experiences I have had with doctors, nurses, and administrative staff over the past six months have once again confirmed my decision to become a nurse practitioner. I want to give care and attention to others and affirm those who do not have health insurance, don't have family, or don't have the complexion, language, or money that our society perceives as valuable. And yes, I will affirm that all have intrinsic and inalienable value and beauty and deserve care and comfort.

What are the lessons from my experiences? There are three:

Ask for help.

Don't take health for granted.

Build your own community of friends and people who willingly act like a loving and caring family and eliminate those who find such endeavors too exhausting.

Mi Experiencia

Diana Alejandra Cervantes Bogarin

Me llamo Diana Alejandra Méndez Bogarin. Tengo dieciocho años, casi diecinueve. Yo nací aquí en los Estados Unidos y el español fue el primer lenguaje que aprendí. El saber hablar en español es una bendición. Puedo comunicarme con mi familia, amigos, y también ayudar traducir en mi lugar de trabajo. Me ha ayudado a conectarme con mi cultura mexicana. Aunque tengo mucho orgullo de hablar español, había veces en las que me avergonzaba por tener acento cada vez que quería comunicarme en inglés con mis compañeros de la escuela. Sentía mucha vergüenza, especialmente, cuando me llamaban para practicar con un tutor de inglés. Por un tiempo no quería hablar en español y el inglés se fue haciendo más fácil para mí, incluso mi acento se desvaneció.

Yo iba a una escuela en Woodburn donde se hablaba mucho español. Durante todo el año de kindergarten estuve hablando español. Sin embargo, me tuve que mudar a una escuela nueva en Aurora. Al principio, fue difícil encajar porque en la escuela se enseñaba solamente inglés y yo estaba acostumbrada a hablar español. Casi no me comunicaba con mis compañeros porque no sabía cómo. Después de un año con mi tutor me pude acomodar en mi escuela y tener amigos.

Hablar español en una escuela en donde la mayoría de los estudiantes eran americanos se hacía más difícil conforme crecía. Mis compañeros se comportaban un poco más groseros, principalmente con temas de política. Se sentía un odio en contra de mi cultura. En ciertas ocasiones, algunos compañeros ponían comentarios crueles en las redes sociales o nos lo decían descaradamente. Nos decían que habláramos inglés porque esto es América, aun cuando 59.94 millones de hispanos viven en este país. ¿Por qué lo permití?¡En este país se habla español e inglés!

Hablar español en una escuela en donde la mayoría de los estudiantes eran americanos se hacía más difícil conforme crecía. Mis compañeros se comportaban un poco más groseros, principalmente con temas de política. Se sentía un odio en contra de mi cultura. En ciertas ocasiones, algunos compañeros ponían comentarios crueles en las redes sociales o nos lo decían descaradamente. Nos decían que habláramos inglés porque esto es América, aun cuando 59.94 millones de hispanos viven en este país. ¡En este país se habla más español que el inglés! ¿Por qué lo permití?

En aquel tiempo, en mi experiencia, ser latina era una vergüenza. Siendo de un color de piel caramelo y no blanco, sentía vergüenza. Teniendo el pelo castaño y no rubio sentía vergüenza. Siendo una persona con mucho vello en los brazos, espalda y bigote, sentía vergüenza. Era una vergüenza dejar a mis papás tocar su música mexicana ¿Cómo fue que sucedió? ¿Por qué era una vergüenza? La respuesta nunca la sabré.

Agradezco mucho haber aceptado mi lenguaje y la cultura que me corresponde. Hablar español es una gran habilidad que me heredaron mis padres y es algo que les voy a heredar a mis hijos. Yo pienso que es una habilidad útil y la pueden usar como una ventaja en la universidad y en los trabajos. Además, es bueno estar conectado a una cultura propia. Me encanta hablar español, sé que tengo mucho por aprender y por eso le estaré echando muchas ganas.

My Experience

Diana Alejandra Mendez Bogarin

My name is Diana Alejandra Mendez Bogarin. I am eighteen years old, almost nineteen. I was born here in the United States and Spanish was the first language that I learned. Knowing how to speak Spanish is a blessing. I can communicate with family and friends, and can also help translate at work. It has helped me connect with my Mexican culture. But although I also take great pride in knowing how to speak English, there have been times when I have been embarrassed to have an accent every time I wanted to communicate in English with my classmates. I was even more embarrassed when they called me to practice with an English tutor. For a while, I didn't want to speak Spanish. English got easier and my accent went away.

I went to school in Woodburn where a lot of Spanish is spoken. Throughout kindergarten, I was speaking Spanish. Suddenly, I had to move to a new school in Aurora. It was difficult to fit in because the school only taught English and I was used to speaking Spanish. I barely communicated with my classmates because I didn't know how to. After a year with my tutor, I was able to settle into my school and have friends.

Speaking Spanish in a school where most of the students were American became more difficult as I got older. My peers were a bit rude, especially about political issues. You could feel the hatred against my culture. Sometimes some of my peers posted cruel comments on social media or said these things to our face. They told us to speak English because this is America, even though 59.94 million Hispanics live in this country. Why did I allow this? Spanish and English are spoken in this country!

I remember my experience of being Latina as a shame. I felt having a caramel complexion and not being White was a shame, and being brown-haired and not blonde was a shame, and having a lot of hair on one's arms, back, and upper lip was a shame. It was a shame to let my parents play their Mexican music. How did this feeling of being ashamed affect me? I will never know the answer.

I am very grateful now to accept my language, my culture, and my heritage. Speaking Spanish is a great skill that I inherited from my parents, and it is something I will pass on to my children. It's a useful skill that can be used as an advantage in college and jobs. Also, it's a good way to stay connected to culture. I love speaking Spanish. I know that I have a lot to learn and I am really looking forward to it.

Autobiografías de los autores | Author Bios

Anonymous
Atrapada en Mi Interior / Trapped with Myself
Naci en los estados unidos de padres Mexicanos. Mis herencias latinas me an permitido hablar el idioma del espanol. Me siento orgullosa de ser latina.

I was born in the United States of Mexican parents. My Latino heritage has allowed me to speak the language of Spanish. I feel proud
to be Latina.

Anonymous
Prohibido Estudiar / Prohibited Studies
Como mujer, luché por mostrarles a mis padres que estaba destinada
a ser "alguien" en la vida al mantenerme en la escuela y obtener buenas calificaciones. No fue fácil, pero llegué a la universidad. Vivir en
un hogar mexicano que creía en el matrimonio y los niños antes de
la educación fue horrible. En este trabajo escrito, expreso mis sentimientos y mis vivencias como estudiante que no recibió el apoyo de
sus padres, quienes me prohibieron terminar la escuela.

As a woman, I struggled to show my parents that I was meant to
be "someone" in life by keeping myself in school and getting good
grades. It wasn't easy, but I made it to college. Living in a Mexican
household that believed in marriage and kids before education was
awful. In this written work, I express my feelings and my experiences as a student that didn't receive support from her parents, and
that prohibited me from finishing school.

Anonymous
El Nopal en la Frente / The Nopal on Your Forehead
Tengo veintisiete años y estoy trabajando para recibirme como

maestra de ELD. Quiero poder ayudar a estudiantes que se sientan capaces de salir adelante y que no se sientan menos que otros y cumplan sus metas.

I am twenty-seven years old and I am working towards my qualification as an ELD teacher. I want to be able to help students feel capable of getting ahead and not feel less than others and meet their goals.

Anonymous
Tres Experiencias / Three Experiences
Recientemente me gradué de la escuela secundaria y espero algún día convertirme en abogado. Ser la primera generación en la universidad realmente lo ha hecho todo difícil, pero no imposible. Espero que el día que me gradúe de la universidad, haga que mi mamá se sienta muy orgullosa.

I recently graduated from high school and I am hoping to someday become a lawyer. Being the first generation in college really has made everything difficult, but not impossible. I hope that on the day I graduate from college, I will make my mom very proud.

Anonymous
Buscar Mejores Oportunidades / A Search for Better Opportunities
Nací en 2002 y crecí en Guanajuato. Este es mi segundo año en Chemeketa y esta es mi primera clase para el programa AATO. Realmente no sé lo que quiero estudiar todavía, así que acabo de terminar los créditos. Vivo en McMinnville, Oregón con mis padres y dos de mis hermanos. Tengo tres hermanas y cinco hermanos, pero yo soy el menor, por lo que siempre he sido el niño mimado de la casa. El español es mi lengua materna y he tomado varias clases

171

de español, pero aún así creo que mi español es demasiado informal y quiero mejorar mi escritura. Mi vida es muy monótona, voy al trabajo, a la escuela, ayudo a mi mamá con la comida, pero en general me gusta aprender sobre la cultura asiática y escuchar K-pop. También quiero aprender coreano, pero antes de poder aprender un nuevo idioma, necesito mejorar mi idioma nativo. Leo muchos cómics o libros. Mi meta académica en este momento es obtener mi AATO y podré ponerla en práctica cuando tenga una meta de vida o un sueño académico más grande.

I was born in 2002 and grew up in Guanajuato. This is my second year at Chemeketa and this is my first class for the AATO program. I don't really know what I want to study yet, so I just finish the credits. I live in McMinnville, Oregon with my parents and two of my brothers. I have three sisters and five brothers, but I am the youngest, so I have always been the darling of the house. Spanish is my native language and I have taken several Spanish classes, but still I think my Spanish is too informal and I want to improve my writing.   My life is very monotonous, I go to work, to school, I help my mom with food, but in general I like to learn about Asian culture and listen to K-pop. I also want to learn Korean, but before I can learn a new language, I need to improve my native language. I read a lot of comics or books. My academic goal right now is to get my AATO and I will be able to put it into practice when I have a life goal or a bigger academic dream.

Jessica Bautista
Hija de inmigrantes Mexicanos, madre, maestra, estudiante de la vida.

Daughter of Mexican immigrants, mother, teacher and student of life

Freddy C.
Padre, esposo, amigo.

Father, husband, friend.

Nancy C.

Nací y crecí en Culiacán Sinaloa y luego me mudé a la región Mixteca en Oaxaca. Más tarde, emigré a los Estados Unidos y me he quedado en Oregón durante los últimos 34 años. ¡Todas las experiencias que viví me han convertido en lo que soy hoy! Aprendí que cada evento en la vida, bueno y malo, es una lección de aprendizaje. ¡Cada uno tenemos la opción de vivir lo que elijamos! Hoy me doy cuenta de que no importa cuánto gane, la casa en la que viva o el automóvil que conduzca, no importa. Lo que importará es el cambio que hiciste en la vida de alguien, ese sentimiento gratificante no tiene precio y es el combustible para seguir adelante. Esta es mi frase favorita que me digo todas las mañanas después de agradecer a Dios por estar aquí: "El ayer es historia, el mañana es un misterio, pero el hoy es un regalo; ¡Por eso es que lo llaman el presente!" Me preparo para el día y agradezco todo lo que se me presenta.

I was born and raised in Culiacan Sinaloa and then moved to the Mixteca region in Oaxaca. Later, I migrated to the United States and have stayed in Oregon for the last 34 years. All the experiences I lived through have made me what I am today! I learned that every event in life, good and bad, is a learning lesson. We each have the option to live what we choose! Today I realize that no matter how much I make, the house I live in, or the car I drive, it doesn't matter. What will matter is the change you made in someone's life, that rewarding feeling is priceless, and it is the fuel to keep me going. This is my favorite quote that I say to myself every morning after thanking God for being here: "Yesterday is history, tomorrow is a mystery, but today is a gift; that's why is call it the present!" I prepare myself for the day and appreciate everything that comes my way.

Diana Alejandra Cervantes Bogarin

Soy parte de una familia inmigrante e hija de una madre increíble y fuerte. Desde que tengo memoria, mi mamá ha sido mi mayor motivación para no dejar que nada ni nadie se interponga en el camino de la felicidad. En medio de la lucha con la salud mental, nunca dejé que eso me impidiera salir y lograr grandes cosas. Estoy haciendo esto por mi cultura, herencia y, sobre todo, por mis seres queridos.

I am part of an immigrant family and daughter to an amazing and strong mother. For as long as I can remember, my mom has been my biggest motivation to not let anything or anyone get in the way of happiness. In the midst of struggling with mental health, I never let that stop me from getting out there and achieving great things. I am doing this for my culture, heritage, and most of all, my loved ones.

Cielo Alvarado Cervantes

Soy un estudiante mexicano-estadounidense de primera generación en el programa Early College High School. Mi ensayo habla de la forma en que las ideas tradicionales afectan a las nuevas generaciones y su salud mental. Quería relacionarme con personas en mi situación y, con suerte, hablar con los padres que también proyectan estas ideas.

I am a first-generation Mexican-American student in the Early College High School program. My essay speaks to the way that traditional ideas affect new generations and their mental health. I wanted to relate to people in my situation and hopefully, speak to the parents who project these ideas as well.

Evangelina Chaparro

Nací en Tepic, Nayarit, México. Tengo la mayoría de mi vida viviendo en Oregón.

I was born in Tepic, Nayarit, Mexico. I have spent most of my life living in Oregon.

Fran

Toda esta vida la he sentido como una eternidad para mí, incluso a mi corta edad. Nací y crecí en un pequeño pueblo, de dos padres hispanos y tengo tres hermanos. Debido a la incapacidad de mis padres para formar una conexión emocional adecuada conmigo, no tengo a ninguno de ellos. No hay amor, solo culpa por esa falta. He estado afectada por la depresión, la ansiedad y el trastorno de estrés postraumático, y de alguna manera todavía estoy aquí. Estaré bien y también lo estarán otros que enfrenten estos terrores. Recuerda, es posible que no tengas el control de lo que te sucede, pero puedes decidir cómo reaccionar. Les dejo a todos un regalo que me hizo un amigo hace unos años: "Hay una gran maldad y maldad en el mundo. Pero también existe el bien, el amor y la belleza. Y el bien vale la pena luchar." (B.) Palabras de Sabiduría.

This lifetime has felt like an eternity for me at this point in my life, even at my young age. I was born and raised in a small town to two Hispanic parents, and I have three siblings. Due to the inability of my parents to form a proper emotional connection with me, I have none for them. No love, just guilt for the lack of it. I have been stricken with depression, anxiety, and PTSD, and I'm somehow still here. I will be okay and so will others that face these terrors. Remember, you may not be in control of what happens to you, but you can decide how you react. I will leave you all with a gift a friend gave me a few years ago: "There is great evil and badness in the world. But there is also good, love, and beauty. And the good is worth the fight."(B.) Words of Wisdom.

Jacylin Cifuentes

Soy esposa y madre de cuatro niños. Soy hija de un inmigrante y he vivido en Salem toda mi vida.

I am a wife and a mother of four boys. I am a daughter of an immigrant and have lived in Salem my whole life.

Louis Kanolis

Louis Kanolis es un trasplantado del medio oeste en Oregón, lleva veinticinco años de experiencia enseñando español en Howe, Indiana; Minooka, Illinois; y Eugene, Oregón. Tiene una licenciatura en español con especialización en música y un certificado de enseñanza de la Universidad de Indiana en Bloomington, Indiana, y una maestría en español de la Universidad Roosevelt en Chicago, Illinois. Louis actualmente enseña español 1 e inmersión en español 11 y 12 en Sheldon High School en Eugene, Oregón, y está orgulloso de la capacidad de sus alumnos para usar su conocimiento heredado del español. Actualmente, pasa su tiempo libre cocinando, mejorando sus habilidades en español y relajándose con sus gatos y su pareja

Louis Kanolis is a midwestern transplant in Oregon with twenty-five years of experience teaching Spanish in Howe, Indiana; Minooka, Illinois; and Eugene, Oregon. He has a BA in Spanish with a music minor and teaching certificate from Indiana University in Bloomington, Indiana, and an MA in Spanish from Roosevelt University in Chicago, Illinois. Louis is currently teaching Spanish 1 and Spanish Immersion 11 and 12 at Sheldon High School in Eugene, Oregon, and he is proud of his students' ability to use their heritage knowledge of Spanish. He currently spends his free time cooking, improving his Spanish abilities, and relaxing with his cats and partner.

Ruby Medrano

Soy Ruby Medrano. Estoy felizmente casada con una pareja maravillosa y servicial. Él y yo tenemos un hijo muy guapo. Crecí en el mundo agrícola. Mis padres tenían trabajos laboriosos trabajando en el campo. Actualmente trabajo en una escuela secundaria. Me encanta trabajar con estudiantes de esa edad. Me gusta la artesanía, la jardinería y el aire libre. Espero que disfrutes aprendiendo un poco sobre mí en esta historia.

I am Ruby Medrano. I am happily married to a wonderful and helpful partner. He and I have a most handsome son. I grew up in the agricultural world. Both my parents had laborious jobs working out in the fields. I currently work in a middle school. I love working with students in that age group. I enjoy crafting, gardening, and the outdoors. I hope you enjoy learning a little about me in this story.

Jose Miramontes-Somerville

No tengo idea de cuánto tiempo ha pasado desde que tuve que leer, escribir, escuchar y hablar en mi lengua materna. Este examen fue una oportunidad para profundizar y encontrar una versión de mí mismo que había sido desechada. Mis padres son inmigrantes de México y yo soy beneficiario de DACA. Sentí vergüenza al crecer. Desearía ser un hablante nativo de inglés, pero ese no fue el caso. En los últimos años he llegado a comprender que mi herencia, mi idioma y mi origen son cosas de las que hay que estar orgulloso. Como coordinador de pruebas del Distrito Escolar de Salem-Keizer, estoy tratando de promover el examen del Sello de alfabetización bilingüe porque reconoce el valor de la diversidad.

I have no idea how long it's been since I've had to read, write, listen, and speak in my native tongue. This exam was an opportunity to dig within and find a version of myself that had been tossed away. My parents are immigrants from Mexico, and I am a DACA recipient. I felt shame growing up. I wished I were a native English speaker, but that was not the case. In recent years I've come to understand that my heritage, my language, and my origin are things to be proud of. As a testing coordinator for the Salem-Keizer School District, I am trying to promote the Biliteracy Seal exam because it recognizes the value of diversity.

Cecelia Monto

La Dra. Cecelia Monto es decana en Chemeketa Community College y defensora de los programas basados en la equidad en el colegio comunitario. Monto inició un camino bilingüe para los estudiantes de educación y ha integrado con éxito el Sello de Bi-alfabetización de Oregón con la educación superior para honrar a los estudiantes bilingües. Monto ha sido fundamental para mejorar la transferencia entre colegios comunitarios y universidades en Oregón y sirvió como co-presidente del primer "Mapa de Transferencia Principal" en el estado para carreras de educación. Fundó un proyecto rural de alfabetización de adultos en en Oaxaca, México en 2004 como un proyecto sabático (que continúa supervisando) participó en un intercambio Fulbright a Argentina y es bilingüe. A Monto le apasiona el poder transformador de la educación y la expansión del acceso a la educación superior.

Dr. Cecelia Monto is a Dean at Chemeketa Community College and an advocate for equity-based programs at the community college. Monto initiated a bilingual path for education students, and she has successfully integrated the Oregon Seal of Biliteracy into higher education to honor bilingual student assets. Monto has been instrumental in improving transfer in Oregon and served as co-chair for the first "Major Transfer Map" in the state for Education majors. She founded a rural adult literacy project in Oaxaca, Mexico in 2004 as a sabbatical project (which she continues to oversee), participated in a Fulbright exchange to Argentina, and is bilingual. Monto is passionate about the transformative power of community college education and expanding access to higher education.

Luis Oliva

Nací en Guatemala y me mudé a los Estados Unidos a la edad de tres años. Crecí en Salem, Oregón, durante la mayor parte de mi vida. Mi pasión es trabajar con estudiantes a nivel de primaria y actualmente estoy estudiando para ser maestra.

I was born in Guatemala and moved to the United States at the age of three. I grew up in Salem, Oregon, for the majority of my life. My passion is working with students at the elementary level and I am currently studying to become a teacher.

Vania Díaz Romero Paz

Nació en Cochabamba - Bolivia. Es doctora en Lenguas Romances de la Universidad de Oregón y máster en Literatura Hispánica de la misma universidad. Está especializada en literatura latinoamericana y chicana y estudios postcoloniales. Llegó a Estados Unidos hace más de una década con su hijo de 5 años, vivió los avatares de ser inmigrante, trabajar y estudiar en una cultura diferente.

Actualmente, es profesora de español para nativos y hablantes de herencia en Chemeketa Community College vive en Woodburn-Oregon con su familia a la que considera bilingüe, multicultural and multiespecie. Abraza el bilingüismo en la educación como un camino para la construcción de una cultura democrática.Agradece a la tierra de Oregon por haberle acogido.

She was born in Cochabamba - Bolivia. She has a PhD in Romance Languages from the University of Oregon and a Master's in Hispanic Literature from the same university. She specializes in Latin American and Chicano literature and postcolonial studies. She arrived in the United States more than a decade ago with her 5-year-old son, she lived through the vicissitudes of being an immigrant, working and studying in a different culture. Currently, she teaches Spanish for Native and Heritage Speakers at Chemeketa Community College. She lives in Woodburn-Oregon with her family, whom she considers bilingual and multicultural. She embraces bilingualism as a path to build a democratic culture

Leticia Ponce

Leticia Ponce nació en un pequeño pueblo de Guerrero, México. Emigró a los Estados Unidos con su madre y cinco hermanos a la edad de doce años. Creció en California y se mudó a Oregon en el 2000. Leticia disfruta de una buena taza de café en las mañanas, caminatas en la playa y puestas de sol. Actualmente vive en Keizer, Oregón, con su esposo y su golden retriever, Koda.

Leticia Ponce was born in a small town in Guerrero, México. She immigrated to the United States with her mother and five brothers at the age of twelve. She grew up in California, and moved to Oregon in 2000. Leticia enjoys a good cup of coffee in the mornings, walks at the beach, and sunsets. She currently lives in Keizer, Oregon, with her husband and their golden retriever, Koda.

Jovanny Ramos

Yo, Jovanny Ramos, soy un estudiante de Chemeketa Community

College latino que ta ha vivido una carrera como traductor desde niño. Tengo veintiuno años y hasta hoy sigo siendo el traductor de la familia. Explicare varias situaciones y sentimientos que viví como un niño traductor.

I, Jovanny Ramos, am a Latino student at Chemeketa Community College who has lived a career as a translator since I was a child. I am twenty-one years old and to this day I am still the translator of the family. I will explain various situations and feelings that I experienced as a translator child

Elizabeth Rodriguez
Hola, me llamo Elizabeth. Tengo veinticinco años. Nací en Mecatan, Nayarit México y a los tres años mis padres me trajeron a los Estados Unidos. Soy recipiente de DACA. Trabajo en preescolar de asistente de maestra para el distrito de Salem-Keizer. Me encanta pintar, dibujar y pasar tiempo con mi sobrina.

Hello, my name is Elizabeth. I am twenty-five years old. I was born in Mecatan, Nayarit Mexico and at the age of three my parents brought me to the United States. I am a DACA recipient. I work in preschool as a paraprofessional for the Salem-Keizer district. I love to paint, draw and spend time with my niece

Seth Alexander Rue
Seth creció en Philadelphia, Pensilvania, y se mudó a Portland en la escuela secundaria. Después de graduarse con una licenciatura en lingüística, trabajó para Mercy Corps durante varios años en el Líbano, Palestina y el sur de Irak, y en campamentos de refugiados en programas de alfabetización, tecnología y salud. A los veintinueve años, su Regreso de Saturno lo llevó a perseguir una pasión secreta en el teatro, y se mudó a la ciudad de Nueva York y actuó en Off-Broadway y en todo el país. Al decidirse finalmente por una carrera (probablemente), se inscribió en la Universidad George Washington en un programa acelerado de enfermería y planea convertirse en un enfermero psiquiátrico y de salud mental que trabaje

con niños y adolescentes. Está profundamente agradecido con sus profesores en Chemeketa por prepararlo y alentarlo en esta transición, y con la escuela por demostrar cómo es un entorno educativo verdaderamente solidario.

Seth grew up in Philadelphia, Pennsylvania, and moved to Portland in high school. After graduating with a BA in Linguistics, he worked for Mercy Corps for a number of years in Lebanon, Palestine, and southern Iraq, and in refugee camps on literacy, tech, and health programs. At twenty-nine, his Saturn Return led him to pursue a secret passion in theater, and he moved to New York City and performed off-Broadway and across the country. Finally settling on a career (probably), he has enrolled at George Washington University in an accelerated nursing program and plans to become a psychiatric and mental health nurse practitioner working with children and adolescents. He is deeply grateful to his professors at Chemeketa for preparing him for and encouraging him in this transition, and to the school for demonstrating what a truly supportive educational environment looks like.

Angelica Salazar
Angélica Salazar nació en Nayarit, México. Sin embargo, Oregón ha sido su hogar durante los últimos veinte años. Ella cree que si tienes un sueño, necesitas planificarlo y ponerlo en acción porque todo en la vida es posible. Angélica cree en las segundas oportunidades. Es amante de la educación, pero a una edad temprana, la educación le fue negada. Ha sido una persona resiliente que tiene el don de sobreponerse a la adversidad. ¡Ella lo hizo! Es esposa, es madre de dos hermosas niñas y una estudiante que planea ser maestra bilingüe.

Angelica Salazar was born in Nayarit, Mexico. However, Oregon has been her home for the last twenty years. She believes that if you have a dream, you need to plan it and put it into action because everything in life is possible. Angelica believes in second opportunities. She is a lover of education, but at a young age, education was denied to her. She has been a resilient person who has the gift of overcoming adversity. She did it! She is a wife, she is a mother of two beautiful girls, and a student who plans to be a bilingual teacher.

Prisma Saldaña

Nací en un pequeño pueblo en Othello, Washington. He trabajado y estudiado mucho para llegar a donde estoy. No puedo esperar para alcanzar mis metas.

I was born in a small town in Othello, Washington. I have worked and studied a lot to get to where I am. I can't wait to reach my goals

Joshua Daniel Salm

Soy Joshua Salm y tengo doble ciudadanía bilingüe de Ecuador y de los Estados Unidos. En el año 2000, a los cinco años, me mudé de Ecuador a Salem, Oregón, con mis padres y mi hermano. Después de la escuela secundaria, una lesión permanente en el hombro y una cirugía me dejaron con dolor e inseguridad sobre mi futuro. Afortunadamente, encontré un propósito al trabajar como mentor de estudiantes y obtener una maestría en psicología bilingüe casi una década después.

I am Joshua Salm and I am a bilingual dual citizen of Ecuador and the United States. In the year 2000, at five years old, I moved from Ecuador to Salem, Oregon, with my parents and brother. After high school, a permanent shoulder injury and surgery left me in pain and unsure of my future. Luckily, I found purpose in working as a student mentor and pursuing a Masters degree in bilingual psychology nearly a decade later.

Madison Steele

No soy latino pero hablo espanol.

I'm not Latino but I speak Spanish.

Dora Tinoco

Soy una persona que llego a este pais hace veinte años sin tener una idea que seria de mi vida en un pais diferente, que incluia personas, tradicones y lo mas dificil en su momento un nuevo idioma que tenia que aprender para poder comunicarme. Con esfuerzo aprendi un segundo idioma pero aun continuo practicando mi idioma natal, y tratando de cumplir mis metas tanto personales como profesionales.

I am a person who arrived in this country twenty years ago without having an idea of what my life would be like in a different country, which included people, traditions and, most difficult at the time, a new language that I had to learn in order to communicate. With effort I learned a second language but I still continue practicing my native language, and trying to fulfill my personal and professional goals.

Lezzie Frias Zavala

En mi vida aprendí muchas lecciones pero también aprendí a ver el mundo diferente, aprendí a perdonar a mis padres. Dedico a esta historia a todos los que me apoyaron en mis momentos difíciles y los que nunca me dieron la espalda, los que fueron los más leales.

In my life I have learned many lessons but I have also learned to see the world differently, I have learned to forgive my parents. I dedicate this story to all those who supported me in my difficult moments and those who never turned their backs on me, those who were the most loyal.

Moises R Leal Zepeda

Yo me llamo Moises Ricardo Leal Zepeda y estudié en Aumsville Elementary, Cascade Middle School, y en la high school. Ahora voy al colegio de Chemeketa. Mis papás son del Grullo Jalisco y ellos vinieron a Estados Unidos en diferentes tiempos y después de conocerse ellos me tuvieron a mi y a mi hermana. Gracias a ellos yo he podido tener una mejor educación escolar de la que ellos pudieron tener. Mi meta es poder seguir aprendiendo español para poder ser un intérprete y un consejero bilingüe para poder trabajar en los hospitales y con personas, así puedo hacer un cambio en la vida de muchas personas que necesitan estos dos tipos de apoyos.

My name is Moises Ricardo Leal Zepeda and I attended Aumsville Elementary, Cascade Middle School, and High School. Now I go to Chemeketa school. My parents are from Grullo Jalisco and they came to the United States at different times and after they met they had me and my sister. Thanks to them I have been able to have a better school education than they could have. My goal is to be able to continue learning Spanish to be able to be a bilingual interpreter and counselor to be able to work in hospitals and with people, so I can make a change in the lives of many people who need these two types of support.

Isis Zetino-Rodriguez

Nací y crecí en El Salvador. Mi familia y yo nos mudamos a los Estados Unidos en 1989 debido a la Guerra Civil. Regresamos a El Salvador en 1992 cuando terminó la guerra. En el año 2000 comencé el bachillerato con especialidad en enfermería. Luego, en 2002, comencé la escuela de medicina pero no pude terminarla. En 2012, comencé mis estudios como profesor de secundaria con la especialidad de inglés como segundo idioma. En 2016, debido a que mi mamá padecía cáncer, mis hijos y yo nos mudamos a Estados Unidos, donde residimos desde entonces.

I was born and raised in El Salvador. My family and I moved to the United States in 1989 due to the civil war. We returned to El Salvador in 1992 when the war was over. In 2000, I began high school with a specialty in nursing. Then in 2002, I started medical school but could not finish it. In 2012, I began my studies as a high school teacher specializing in English as a second language. In 2016, due to my mom suffering from cancer, my children and I moved to the United States, where we have resided since then.